薛丁格

我的人生，我的世界觀。

ERWIN SCHRÖDINGER
艾爾溫．薛丁格——著

東華大學物理學系副教授
翻譯、導讀——黃玉林

ERWIN SCHRÖDINGER
MEIN LEBEN, MEINE WELTANSICHT

Die Autobiographie und das philosophische Testament

譯者前言及導讀

知識、倫理學與形上學

黃玉林

...to know even one life has breathed
easier because you have lived.

——R. W. Emerson

這個中譯本是根據德國dtv出版社出版共一八二頁的德文原著，包含〈我的人生〉（Mein Leben）、〈尋找出路〉（Suche nach dem Weg）、〈何謂真實？〉（Was ist wirklich?）三篇文章。〈尋找出路〉與〈何謂真實？〉兩篇分別是舉世聞名的「哲學遺囑」的第一、第二部分，這兩部分原有一九六四年劍橋大學出版社英譯本（*My View of the World*, Cambridge University Press, 1964），德文本增加了〈我的人生〉這篇自傳。這安排的好處是使讀者能根據第一手的報告理解作者的生命歷程，也許能幫助讀者對後續作者世界觀的理解。後面兩部分的編排，首先是關於知識問題的討論，如作者所言，是我們時代散發最明亮光芒與最深陰影的部分。面對這陰影，第二部分接著討論相應的倫理問題，貫穿全書的焦點則是形上學，即康德（Immanuel Kant）稱作為人類智性衝動無法避免的永恆問題。這本小書原本不需要額外的引言，譯者也非相關專業哲學問題的專家，但也許出於同樣的智性衝動，譯者允許自己在書前說些話。

康德曾在《實踐理性批判》（*Kritik der praktischen Vernunft*）一書的結語裡以罕見的熱情說：「有兩樣東西，越是經常而持久地對它們反覆思考，它們就越是使心靈充滿常新與日益增長的驚嘆與敬畏：我頭上的星空與我心中的道德法則。」這兩樣東西，一則指涉人的知識領域，一則是關於人的倫理行動。前者是康德理性批判的第一部分，後者是所謂的第二批判。康德首先確認人類能透過科學獲得客觀有效的知識，這些知識能發揮驚人的效果，是因為它們都是有經驗根據的。但他同時警告，人類理性總是有僭越自己能力的傾向，想去知道超出它認知能力之外的、超出經驗的形上東西。康德提醒，超驗或形上事物的特徵在於：我們想知道它，卻永遠無法知道；這世上有許多事，我們必須做，卻無法知道為什麼。超驗形上的事物，並不屬於人的知識領域，而只為良善的心靈開放，形上學歸屬於倫理學。我們總不能因為先知道了被愛，才去愛護他人；或者先知道能獲得什麼回報才去付出。倫理行為的價值，正因為我們無法知道為何，卻仍必須這麼做。任何人只要停下匆忙的腳步自問，就能很快地發現他周遭總是被這些問題圍繞——我是否該選擇這位戀人？這項職業？甚至最尋常一日清晨的餐點？生命本身就是形上學，這些問題的究竟答案都不是任何知識進步所能提供的。知識與倫理之間有條無法跨越的鴻溝，人類的「理論」理性能判斷知識命題的真假，但無助於「實踐」理性在行為善惡與是非的辨別。它們是同一理性，卻是分裂的。分裂的苦痛是人存在的命運。康德理想的人格是崇尚道德尊嚴的君子典型，戰戰兢兢，夙夜匪懈，但在美感世界裡歇息，在神恩裡獲得希望。任何有健康理智的人，都不會否認康德的洞見。然而任何有足夠生命經驗的人，也都能想像這種生命所要付出的道德折磨的代價。

薛丁格在本書裡重新檢視了知識、倫理學與形上學三者的關係，嘗試走出康德的困境。關鍵的想法是：意識數量上的多元是虛幻的，所有人其實是一體、真正意義上的同胞。理解薛丁格所謂的「一體」，在日常生活裡最明顯的例子，是熱戀情人之間所經驗到的彼此相屬的感受。當愛上一個人時，正是長夜孤寂的開始。薛丁格似乎以為，是人自私的理性為自己築起高牆，因此牆外的「對象」才成為不可觸及的超越與形上的神祕。在日常生活裡，人們可以在許多常見而被心理學或社會學稱為出離經驗（ecstatic experience）的現象中，經驗這種自我藩籬剝落的感受，例如性高潮、酒精或迷幻藥物的使用，在集體集會裡，或者是權力的獲取。任何參加過流行音樂現場演唱會的年輕人，都會難以忘懷那種臨場的致命吸引力。薛丁格相信超驗與形上的事物不是高不可攀，而是任何敏銳的觀察者都能在生命的樸素之處與之相遇。它們在戀人的眼裡、在孩子雀躍的臉龐中，以及任何承擔者的肩上。也許也在某些詩人的冬月山村或風日水濱。只有極少數人能夠在目睹無辜受難者時，特別是孩子，毫無作為地撇頭而去。據報載一位英勇救人的警察，他在一處海濱懸崖，冒著失去生命的危險，在千鈞一髮的情況下拯救了一個落難的年輕人。他事後回答記者的提問，在涉險救人的那一刻，難道未曾猶豫，萬一失敗，他自己的妻兒可能面臨的處境？他回答說，正是在那一刻，他十分確信「我感到他就是我自己的孩子，如果我放手離開，我確信將無法活著度過未來的每一天」。一旦人們知道，事實上他與每一個有知覺的生命沒有不同，而是一體的，那麼，利他為善就是理所當然。傳統形上學的困境，是人生活於時間幻象中必然的結果，在這裡人類理性計算、期望與忘卻，而「真實」只在當下的一刻。薛丁格似乎想像一種生命的學問作為形上學，它同時是學問的生命。這是否可能，或他努力的成績如何，當留給讀者自行判斷。

薛丁格接受德意志傳統的文理教育，書寫的德文帶有古典文風，此外理論家思考跳躍的習慣、又經常使用反諷的語法，對精確理解其文意和轉譯成可讀的中文兩方面都構成相當挑戰，因此本書絕大部分採用逐句直譯，以盡量減少誤解、誤譯。非常感謝李尚遠主編對譯文做了很仔細的格式編修和文字校對，由於譯者的粗心大意，給他增添了許多的工作。摯友蔡建宏博士對譯文做了校定，建議許多修改的意見，為修潤全文付出無數心力。自二〇〇〇年初夏在北德小城哥廷根相識以來，逾二十年的情誼，如頁首所引愛默生（R. W. Emerson）的詩句，他確實使得一個辛苦的靈魂，這一路來，能總是多少輕鬆一些地呼吸。

全書翻譯的疏漏與文責當然歸屬於譯者。

本文作者為東華大學物理學系副教授

CONTENTS

我的人生

在我整個後期的人生當中，我和我最親近的、事實上是非常親密的朋友，長久以來一直分開生活。（也許這就是為什麼我越來越常被抱怨不重友誼，只對情愛感興趣。）

他學的是生物（植物學），我是學物理。在格魯克街和施呂塞爾街之間，我們經常在深夜互相陪伴來回兩三次，就哲學的事物進行熱切的交談。直到後來，我才知道這些事物從來就一直打動著人類的靈魂，雖然對當時的我們來說它們似乎是十分新鮮的。

這原因是在於，一般公共課程出於對宗教教誨的尊重迴避了這些事物的討論，因為它們違逆了教義，教育高層終究決定要將所有此類問題排除在外。這是我對宗教持反對態度的主要原因，但當然，宗教未曾對我有過傷害。

我不確定那是緊接在第一次世界大戰之後，或者是我在蘇黎世（一九二一—一九二七）或在柏林（一九二七—一九三三）的期間？我再次與法蘭澤爾（Fränzel）一起度過了一個很長的夜晚，在維也納郊區的一家咖啡館裡直到深夜。我們僅有很少數幾次信件往來，都不是長談的信件。我想，這幾十年來，他似乎已有很大的改變。

早些時候我可能曾提到過，在學生時代，我們曾經一起閱讀澤蒙（Richard Semon）的《記憶作為有機交換過程的保存原則》（*Die Mneme als erhaltendes Prinzip im Wechsel des organischen Geschehens*）。就我的記憶裡，這是我唯一一次和別人一起讀一本嚴肅的書。在生物學家中，澤蒙被視為異端。可能是因為他的觀點，似乎除了假設經由遺傳獲得特性，幾乎無法以任何其他方式來解釋。在很長的一段時間裡，他的名字都未再被提起。之後，我在羅素（Bertrand Russell）的《人類知識與其範圍和局限性》（*Human Knowledge, its Scope and Limits*）一書中又讀到他，羅素對這位聰慧的生物學家做了深入研究，相當看重他的記憶理論。

一九五六年，我才在維也納帕瑟爾街四號我們現在的寓所再次見到了弗蘭澤爾，只有一刻鐘時間而且還有其他人在場，所以這次會面不是太深刻。他和他的妻子居住在我們北方的鄰邦，雖然不受阻擾，不過穿越邊境仍相當不易。兩年後，他突然過世，以致我們沒機會再見到對方。現在我與他家有聯繫的是他那非常親切和藹的侄子和侄女，是弗蘭澤爾最愛的最小弟弟西爾維奧（Silvio）的孩子。回到奧地利之後（一九五六），我曾拜訪在克雷姆斯（Krems）當醫生的西爾維奧。他當時大概已經病得很重，不久就去世了。弗蘭澤爾還有一個名字E.的兄弟住在克拉根福特（Klagenfurt），是一位有聲望的外科醫生。在我年輕時，他曾經有一次當嚮導帶著我登上愛因澤峰（Einser，塞克斯特訥多洛米蒂山，Sextener Dolomiten），甚且，他還把我帶下山。恐怕我們現在不會再見面了，這只能歸咎於一個無法化解的、所謂的世界觀的分歧。

就在一九〇六年秋天我搬進維也納大學（Wiener Universität）——我唯一註冊或就讀的大學——才幾個月前，偉大的波茲曼（Ludwig Boltzmann）在杜伊諾（Duino）不幸過世。一九〇七年秋天，他的學生哈森諾爾（Fritz Hasenöhrl）成為繼任者，在蒂爾肯大街（Türkenstraße）老房子裡樸素的演講廳舉行了沒有慶祝儀式的就職演說，他用簡潔、清晰而熱情的話語向我們解釋了波茲曼畢生工作的基本思想。哈森諾爾的演說在我的智性上留下了深刻的印象，從此我的思想再未曾與它分離。即使還有普朗克（Max Planck）和愛因斯坦，但對我來說在物理學中沒有什麼比對波茲曼的認知更重要的了。順便一提，愛因斯坦的青年時期作品（一九〇五年之前）表明他對波茲曼的想法有多麼著迷。愛因斯坦也是唯一一個，因（藉由反轉波茲曼的方程式：$S = k \cdot \ln W$）超越它而更向前邁出重要一步的人。

沒有任何一個在世的人比哈森諾爾對我產生了更強的精神影響——也許我的父親魯道夫（Rudolf）除外，我們在一起生活的許多年當中，他持續就他感興趣的一切與我對話，那對我而言非常重要。不過這個也許有機會另外再說吧。

在大學學習期間，我獲得了漢斯・瑟林（Hans Thirring）的持久友誼。在哈森諾爾一九一六年死於戰爭之後，他成為哈森諾爾的繼任者。（最近，一九五九年秋天，七十歲的漢斯・瑟林放棄所謂的「榮譽年」而辭去他的教職之後，瓦爾特・瑟林〔Walther Thirring〕成為他父親所承接的波茲曼講座的繼任者。）從一九一一年開始，在我擔任埃克斯納（Franz Exner）的助手期間，我獲得了科爾勞施（K. W. F. Kohlrausch）的長久友誼，他藉由實驗證實了所謂的施韋德勒擾動（Schweidlersche Schwankungen），啟動了他的研究工作。在第一次世界大戰開始的前一年，我們一起研究了二次輻射（Sekundärstrahlung），它可在不同材料的小板塊中，產生一道限制在極小空間角度內的（經常是高度混成的）伽馬射線。這些年間，我學到了兩件事：首先，我自己不適合當一名實驗工作者。其次，我所在的地方，以及在那裡與我一起生活的人們，也不再能夠沿著遠大的目標路線以取得實驗上的進步。這是許多原因造成的，其中包括在極需要、甚至應該設法從遠方邀請有真材實料的人物來的地方，維也納的金色最高核心卻在關鍵位置上任用了令人敬愛卻不適合的人（甚至經常以個人年資為基本原則），讓他們在那裡阻礙了交流溝通。因此，實際上在維也納開始被研究的大氣放電和放射性現象從我們手上溜走了，而那些感受專業召喚、準備來認真嚴肅地投入工作的人，不得不考慮轉移陣地，例如邁特納（Lise Meitner）就從維也納遷移到柏林。

再回來談我自己，有一件讓我後來深懷感激的往事。當時因為偶然的因素（在我履歷中一九一〇／一一那一年），我不是跟著哈森諾爾工作，而是擔任埃克斯納的助理，因此與科爾勞施有過實驗合作。那時我們有充分的儀器設備，我被允許帶一些儀器回到我的房間，尤其是光學儀器，因此可以隨我任意設定、觀察光譜、調整令人驚豔的干涉儀、混成色光等等。（利用瑞利配色方程式〔Rayleigh-Gleichung〕還讓我無意間發現自己有所謂的綠色盲。）這其中最有價值的是，我有完成整個實驗工作的責任。因此，我算是有機會能直接親身觀察、瞭解何謂測量的理論學家。我想對我而言，這類經驗多一點會更好。

一九一八年在我的家鄉可說是發生了一場革命。卡爾大帝（Kaiser Karl）離開了，我們變成一個共和國，儘管我們的生活並沒有太大變化。就我個人而言，帝國的分裂有一個重要後果，因為我在切爾諾夫策（Czernowitz）獲得副教授任命，本應當在那裡講授理論物理，但在私人生活中，我是越來越只想研究哲學（我剛開始接觸叔本華〔Arthur Schopenhauer〕且感到極大的興趣，並因為他學習到奧義書（Upanisbaden）的萬有歸一學說）。現在，事情有了變化。因為切爾諾夫策的大學也不再屬於方濟住院會廣場（Minoritenplatz）的皇室管轄了。這場戰爭對我們維也納人來說最主要的災難是饑荒。獲勝的協約國藉此懲罰發動無限制潛艇戰爭的敗戰對手，其邪惡若較之於第二次世界大戰的惡行，即使俾斯麥親王的繼任者和他的追隨者也幾乎無法或頂多在數量上能有所超越。事實上，奧地利遍地饑荒，除了農場。但在那裡，當我們可憐的婦女和姊妹去乞施一些雞蛋、黃油或牛奶時，得忍受如同被視為乞丐一般的嘲笑，事實上她們在提出要求時絕不是完全沒有以如針織的小夾克、一件精細的內裙等等作為回饋的。在城市裡，想邀請人來家裡作客——當馬鈴薯燉肉已是只有星期天加菜才有的稀有餐食時，這當然不可能發生——這樣的平常交往習俗幾乎被以下作法取代，也就是至少在中午，人們在所謂的公共廚房（在粗鄙玩笑中被戲稱為噁心廚房）見面。人們必須感謝那些承擔這些事情的女性。要在廚房裡辛苦地無中生有，若是為三十人、五十人做，總還是比為三個人做來得更容易，而且知道這可以減輕別人的負擔，就會覺得辛苦是值得的。在一個這樣的地方，我和父母經常與志趣相投的人見面，並結交了一些朋友，比如數學家夫婦拉唐（Radon）等人。順便一提，我們三個人覺得家裡有一個特別糟糕的困擾。我們住的是位於內城、當時頗有價值的一棟出租樓房六樓的大型（實際上是雙拼）公寓，那是我外祖父的房子，屋裡沒有燈光，部分因為外祖父不想支付布線費用，部分因為我們所有人，特別是我父親已經習慣了燃氣燈，從很久以前開始，當時電燈泡還是昂貴的紅黃色夜燈，所以我們真的不想使用電燈。此外，為了方便（對僕傭來說是痛苦！），我們拆除了一些房間裡的磚瓦壁爐，取而代之的是好用且附設排煙櫃和銅製反射鏡的燃氣壁爐。廚房裡也是使用燃氣來炊煮烹調，雖然中央當然仍是設置一個有如龐然巨物的爐灶。這也無妨，但是現在有個高層主管單位，我懷疑是市政廳，下達了必須盡可能節省天然氣的命令，也就是每一家戶每天只能使用一立方米，不論用途為何。控管必須自己負責，倘若官方來抽查發現超額，懲罰是阻斷供氣。

在米爾施塔特（Millstatt）一九一九那一年的夏天，我的父親，當時六十二歲，舉止中出現了我們後來才推估應是他的衰老和致死病症的最初跡象。散步時，他遠遠地落在我和女士們後面，特別是在上坡的時候，但是他利用總是在夏天進行的植物學研究來掩蓋真正的原因。他這個研究工作不是為了建立愛好者的植物標本館，而是為了學習和收集他論文工作所需的材料，因為他（大約從一九〇二年開始）從研究義大利人和他自己的製圖藝術實習轉到植物學。他從事這工作不是以花匠的身分，而是以使用顯微切片技術和顯微鏡的實驗形態發生學家以及系譜學家的身分。他在這些散步中被抛在後面時，對諸如「但是魯道夫，該走了吧」或者「薛丁格先生，已經很晚了」之類的呼喊，即使他的反應並不太有活力，也沒有引起任何懷疑，因為這就是他發現感興趣事物時通常有的舉止方式。回到維也納之後，出現了更明顯但我們很長一段時間都不理解的徵兆：總是不斷發生嚴重的流鼻血、視網膜出血，後來還有腿部水腫。我想他早在任何其他人發現之前就已經知道情況有多嚴重。不幸的是，就在這時出現前面提到的燈用燃氣荒唐限用令。我們只好為他準備完全由他看管的電石瓦斯燈。想起那令人不適的氣味，瀰漫的範圍遠超過他那如今被當成電石實驗室的美好圖書室——就在那裡，二十年前他跟施木澤（Schmutzer）學蝕刻版畫時，他用酸液和氯水侵蝕他的銅版和鋅版，這是他當時還是高中生的兒子非常感興趣的東西。此時，這位兒子讓這些隨意散置，很高興能夠在戰爭結束近四年後再回到心愛的物理研究所。此外，這位兒子是在一九一九年秋天，與如今（一九六〇）已結髮四十年的妻子訂的婚。

我不知道我父親是否得到足夠的醫療和照護協助，我只知道我對他不夠關心：現在回想起來，我是否當時應該去找馮・韋特斯坦因先生（Richard von Wettstein），拜託他幫忙？畢竟，為了來自另一個學院的同事，他是會對一個他也樂於當作朋友的人的命運感到關心的。是否有更好的建議可以延緩動脈硬化引發的快速惡化？如果是，這樣對病人來說好嗎？放棄在斯蒂芬廣場（Stephan-splatz）經營失敗的油布和油氈生意後（一九一七年，由於貨源缺乏），我們實際上非常需要錢，但他完全忽略了這一點。他於一九一九年耶誕節前夕靜靜地坐在扶手沙發椅上辭世。第二年發生全面性的通貨膨脹，使他的銀行存款貶值，存款已縮減到不足以讓我母親過上體面的生活，也使他生前（在我同意的情況下！）賣掉波斯器物所得的收益貶值，包括（經他同意）在他死後不算賤賣出售的儀器（三台顯微鏡、一台切片機）以及一些小器物，其中我不感興趣的他圖書館裡的大部分東西都進了古董店。在他的最後幾個月裡，他非常擔心三十二歲的我幾乎賺不到錢。每年毛額一千克朗，因為他確實（除了擔任軍官的四年）在所得稅資料中得知並支付了稅金。他所知道他兒子唯一的「成功」，是我在耶拿（Jena）得到了在維恩（Max Wien）身邊擔任教學私講師職位的邀約，並且接受了這個薪水高一點的職位。一九二〇年四月初，當我和我的年輕妻子一起搬家前往耶拿時，有點不光彩地拋棄了我的母親。她還因為打掃、整理、打包弄得疲累不堪，因為我們大家真是都眼盲了——擁有這所房子的外祖父在我父親去世後非常擔心，自己要跟誰拿租金？不能跟我們拿，所以寡婦不得不搬出去，去哪裡我真的不知道，好把房子讓給一個付得起的房客。那是我後來的岳父以一個富裕的不死鳥猶太人之姿好心為我們找來的。如前面說的，我們那時都瞎了。因為正如後來數以千計的類似情形所看到的那樣，如果我母親可以活得更久，直到一九二一年秋天（據信她在一九一七年接受乳癌根除手術後，癌症遠端轉移至脊柱），外祖父這個大型且家具設備齊全的公寓將成為我母親的收入來源。我很少記得夢，而且（也許除了早期的童年）很少做噩夢。但在我父親去世後，而且是在很長一段時間之後，儘管有些許時間間隔，卻經常出現這種噩夢：我父親還活著，而且我知道自己賣掉了他所有漂亮的樂器，還把他的書送了出去，尤其是植物學的書。我的天啊，他現在該怎麼辦，我魯莽地把他靈性生命的根基散落到各處，已經不可挽回了！——我認為這個令人焦慮的夢起因於我在一九一九年至一九二一年間對父母的不孝行為，是良心內疚造成的。有這樣的解釋後，我也就免於再作噩夢，如人家說的，因為我很少「從哪裡發現什麼良心」。

我的童年和青年時期（一八八七年到一九一〇年左右，還有那之後）主要受到我父親的影響，不是什麼特別的教育方法，而是自然而然的。從外部來看促進這種影響的原因，一方面是他相對地比那些有職業生涯的多數男人常在家裡，另外也因為我自己也是經常待在家裡。小學課程是由一位小學老師給我上的，我記得，他每週來我家兩次，而當時中學裡仍然有個優良常規，每週二十五小時課，而且只有上午排課（唯一的例外是新教宗教課程，我必須在兩天的下午參與——但即使在那裡，我也學到了一些東西，雖然也許主要不是跟宗教有關的）。上學時間不多有很大的好處；這樣，可讓高中生有時間思考，如果他擅長於此的話；而且也有時間學習私人課程，例如現代語言、投影幾何，這些課程在人文文法學校沒有提供。我高度讚揚我以前的學校（學術高中）。我幾乎從不感到無聊，即使在極少數的無聊時刻（哲學學門導論，非常糟糕的教學），我只要不理講課並做我的法語翻譯就行。

以下是個一般性的說明。自從遺傳途徑是經由染色體這事被發現後，有些人似乎被誤導地忽視了那些同樣重要且發現已經很久的遺傳途徑，亦即溝通、教育與傳統。人們認為它們確實不是那麼重要，因為它不是恆久遺傳的。他們以為後來發現的才是正確的。然而，我們知道，我們人類的物種只能透過染色體遺傳密碼和文化人文環境的相互作用來實現。這一方面可以從卡斯帕・豪瑟（Kaspar Hauser）*的悲慘案例得知。另一方面則可以從來自塔斯馬尼亞（Tasmanien）的少數當代石器時代兒童例子來看，如果他們被放到英國的環境，並接受「一流」的英式教育，也能達到一般「來自優良家庭」的英國年輕人的全部教育水準。每一個個體的心智水準都是「天生」（nature）和「養育」（nurture）所滋養的產物。這樣的想法，應該能讓每個理性的人都認同學校具有極高的重要性（因此不同於瑪麗亞・特蕾莎女皇〔Maria Theresia〕所想的，學校教育不應被視為一種政治，而是涉及人性的）。但是，染色體加學校還不是一切，而是家庭環境也屬於其中一部分，以使土壤能夠接受後者播種的種子並保持其肥沃。不明白這一點的，似乎不僅僅是那些只想讓低教育水準的孩子進高中的人（人們會問：他們的孩子是否將再次被排除在外？）——甚至高度教養的英國機構，也會將孩子從家庭送進寄宿學校，而且越是出身高貴的家庭，越是更早這麼做（甚至王位的小繼承人也可說是被他的母親伊莉莎白二世強行綁架，順從國民意願，送進這樣一個菁英學院）。

現在，這些都不是我在意的。這些評論的緣由，是想起我是多麼無以復加地感謝父親在我成長期間持續不斷的陪伴，又倘若沒有他，我能在我的中小學養成教育中學到的會是多麼微不足道。他對那裡出現的一切以及許多與此關聯的事物都無所不知，而且這些其實不只是他在那三十年前同樣必須刻苦學習的，而是他到此時也仍然感到興趣的。單單是發覺到這些就已經足夠叫人驚訝，如果還要列舉細節，可能會讓人精疲力盡吧。後來，在他開始學習植物學、我讀完《物種源

---

* 譯注：德國十九世紀著名棄嬰事件的主角。一八二八年五月二十八日，當時年約十六歲的豪瑟突然出現在紐倫堡。其智力發展與語言能力低下。據其後來自述，稱他自有記憶來一直獨自囚居在一個黑暗的房間裡，只以水和麵包維生。豪瑟人格上的病理現象曾引起法學、神學與教育工作者的興趣，該事件並得到廣泛的國際注意。後來心理學上「豪瑟徵狀」即根據該名字命名。一八三八年豪瑟逝於巴伐利亞州小城安斯巴赫（Ansbach）。

始》（*The Origin of Species*）之後，我們的談話中出現了一種學校裡沒有教的內容。也就是說，那時還禁止談論的演化論，至少在自然史課堂上不能提到它，只有宗教課的教師被允許對這種異端邪說加以撻伐。當然，我是一個熱衷的達爾文主義者（我至今仍然是），而我的父親在他植物學朋友的影響下，敦促我要謹慎行事。自然天擇和適者生存與孟德爾（Gregor Mendel）定律和德・弗里斯（Hugo de Vries）突變理論的結合大約當時才剛開始。我不明白，為什麼無論何時動物學家都比較是無條件地支持達爾文的學說，而植物學家比較傾向於保守。但是，我們所有人當然都同意一件事——我想的「所有人」，特別是指我父親那些有科學背景的朋友中的一位，也就是我最瞭解和最喜愛的那個人，自然歷史博物館榮譽館長韓特里爾緒（Anton Handlirsch，專長為化石昆蟲的動物學家）——我的意思是，我們一致認為演化理論只有因果關係的、而非終極的證明，而且生物體中並不存在特殊自然法則（如運動能量、有機機制、定向演化等等）以致違逆無生命物質上已檢證的律則或使之失效。那位宗教課教師可能比較不喜歡這種想法，不過反正他怎麼想並不關我的事。

定期的暑期旅行不僅非常有助於生活的品質，而且有助於思考的進步。我記得在我進入中學前一年去英國的旅行，是去看望我母親的英國親戚。對我來說，在拉姆斯蓋特（Ramsgate）寬闊的海灘上騎驢很有趣，我還學會了騎自行車。強勁的潮汐讓我印象深刻。給人換裝的小房子是帶輪子的，有個男人駕馭一匹有相當配備的馬，根據潮汐的運動，不斷忙著把這些可移動的小屋一個接一個地朝上或朝下拖動十米距離。在運河上，我第一次發現，遠方的船隻只能窺見它們冒出的黑煙，船隻本身則會被水平面的隆起所遮蔽。在利明頓（Leamington），我還在「馬德拉別墅」見到曾外祖母，因為她叫羅素而有一條街名叫「羅素茶」，我就以為這條街是根據已過世的曾外祖父來命名的。那裡還住著我母親的一位阿姨和她的丈夫基希（Alfred Kirch）以及（當時）大約六隻安哥拉貓（後來據說變成將近有二十隻）。裡頭有隻很普通的家貓，但顯然曾在夜間溜出來玩，遇到了什麼重大的打擊，所以被稱為托馬斯．貝克特（Thomas Beckett）——不過這並沒有為我多解釋了什麼，或許也不是什麼恰當的連結（眾所周知，叫這個名字的大主教在他的國王海因里希二世〔Heinrich II〕的唆使下被殺害了）。

多虧了我母親最小的妹妹米妮（Minnie），她在我五歲時從利明頓搬到了維也納，我才能在還無法正確書寫德文、更別說英文之前，已經完全學會口說英語。當我要學習閱讀和書寫英語時，我相信當時已經完全能掌握它，還令許多人感到驚訝。這都要歸功於我的母親，安排了有時會讓我不開心的半天英語時間。例如，當我們離開魏爾堡（Weyerburg），下山前往當時安靜、可愛的因斯布魯克（Innsbruck）小鎮散步時，她會說：「現在我們一路上要用英語彼此交談，不能說其他的語言。」這個作法後來保留了下來。這對很久之後的我來說多麼有幫助啊！它讓我在被驅逐離開祖國時，不會覺得自己是在陌生的國度。

從利明頓騎自行車去郊遊時，我想我是看到了凱尼爾沃思（Kenilworth）和沃里克（Warwick）。在回程途中，我記得布魯（Brügge）、科隆（Köln）、科布倫茨（Koblenz）、乘坐遊輪沿萊茵河上行、呂德斯海姆（Rüdesheim）、美因河畔的法蘭克福（Frankfurt am Main），可能還有慕尼黑（München）、因斯布魯克（魏爾堡，當時是馮・阿特爾邁爾〔Richard von Attmayr〕的小旅宿）。從那裡，我第一次去聖尼古拉斯（St. Nikolaus）的學校上私人課程，因為擔心長期的暫停學習會讓我忘了基礎知識和算術，影響了來年秋天的入學考試。後來的夏季旅行幾乎總是前往南提羅爾（Südtirol）或克恩頓邦（Kärnten），九月分有時會到威尼斯停留幾天。我在那裡所見的美景幾乎細數不盡——今天由於機械化、「開發」和新的邊界畫分，幾乎已不復存在。儘管作為家裡的獨子總有某種孤獨感，我相信，當時也這麼想（更不用說現在！），很少有人像我一樣經歷如此快樂的童年和青年時代。所有人都對我很好，我沒有討厭誰，也不知道有誰仇視我。多麼希望每個階段的教師，更不用說父母，能在心裡謹記，彼此間真誠的對待，才是他們能對信任他們的年輕人發揮影響力的先決條件！

因為後面可能不會再有適當的機會，我現在也許應該插入一些關於我在維也納大學（一九〇六—一九一〇）學習的說明。我已經稍微提到過，在四個（！）學年中，哈森諾爾以他所開設的每週五小時經過深思熟慮的、涵蓋廣泛的教程，對我產生最重大的影響（我錯過了第四年的教程，因為惱人的一九一〇／一一服役年）。這兵役已不再能推遲，不過，此時因而認識了美麗的舊克拉考（Krakau），而在克恩滕（Kärntner）封鎖區（馬波格〔Malborghet〕）的愉快夏日逗留，也為我留下了很多美好回憶。除了哈森諾爾之外，我還幾乎聽過所有數學教授的課，並對科恩（Gustav Kohn）關於射影幾何的講授課程留下深刻不滅的印象，他的教法是一個學年不用任何公式做綜合式的呈現，相應另一個學年則做分析式的。我想，對於公理的建構沒有比柯恩更好的作法了，而且他是十分嚴謹與清晰的。講述對偶性（在二維和三維略有不同）尤其令人驚歎。費力克斯克萊因群論（Felix Kleins Gruppe）的崇高地位明確毫無疑義。第四諧波元素的存在和唯一性必在二維空間必須以公理引入，在三維空間可以證明，大概是哥德爾大定理（Gödels großes Theorem）的最簡單例子。我從科恩那裡學到了很多後來不會有時間學習的東西。

我在耶路撒冷教授（Jerusalem）那裡聽到談斯賓諾莎（Baruch de Spinoza）的課——任何聽過他講課的人都會難以忘懷。他談了很多，例如談伊比鳩魯（Epikur）教導關於死亡的學習（o Thanatos ou dèn pros hemàs），談驚奇（thaumazein）作為每一種哲學思考與其他事物的出發點。一學年（第一年）的定性化學分析也對我十分有益。斯克勞普教授（Skraup）的無機化學很好，夏季學期的有機化學就有些微不足道。假使再多個十倍，所能學到的對我現在如何瞭解核酸、催化酶，抗體等等類似的東西將會有多大幫助！對於這些主題，我是半盲目地直覺探索，但倒也算是有些進展。

一九一四年七月三十一日，我父親把我的徵兵令（前往普雷迪爾薩特爾〔Predisattel〕）帶到我在波茲曼小巷的助理室，然後和我一起去買了兩把手槍，一把非常小，一把非常大。幸運的是，我從來沒有機會把它們用在人類或動物身上，而且一九三八年在格拉茨（Graz）時的一次房屋搜查中，為了以防萬一將它們交給了和善的搜查官。

在普雷迪爾薩特爾時，我們有一次收到誤傳的作戰警報，因為指揮官萊因爾上尉（Reinl）與密探線民約定，義大利人若通過寬闊的山谷進軍拉布勒湖（Raiblersee）時，將以煙柱示警，而當時顯然剛好有人在邊境附近焚燒雜草或者燒烤馬鈴薯。除了其他部署，我們必須派駐兩名側翼炮兵觀察員，負責左側的是我。直到有人想到要把我們召回之前，在那十天左右的時間裡，我學到了兩件事：首先，在只用睡袋和毯子當彈簧墊的木板上，不需要床墊也很好睡，那比真的很硬的地板柔軟許多。其次，有天晚上，我們的觀察哨傳來報告說，在對面湖頭的山坡上（那裡其實根本沒有路），有一些發光體正在移動，顯然是上坡朝向我們的駐地。於是我從上文提及的睡袋裡站起來，穿過通道走到崗位上去看發生麼事。哨兵的觀察是正確的，但發光的是聖艾爾摩之火（St. Elmsfeuer）*，在我方的鐵絲圍籬尖端上方一兩米距離處，背景上的移動則是觀察者自身運動造成的視差效果。後來當我因為某些目的夜裡走出門時，在覆蓋我們寬敞的防空壕的土丘地面草尖上，我又看到了幾次這種絕妙的現象。在那之前或之後，我應該就不曾看過聖艾爾摩之火了。

關於戰爭時期：在普雷迪爾薩特爾、法蘭曾堡壘（Franzensfeste）、克雷姆斯附近和科莫恩（Komorn）附近穿梭消磨了很長時間，又在戈爾茨（Görz）附近一個小分遣隊和古怪的艦砲部隊進行短暫的前線服務，到了杜伊諾附近之後我們撤退，首先到西斯蒂亞納（Sistiana）附近；然後我跟一個更古怪的艦砲部隊到了普羅賽克（Prosecco）附近一個極度無聊但美麗的埋伏陣地，大約比的里雅斯特（Triest）高了三百米。在那裡，後來成為我妻子的安娜瑪麗（Annemarie）曾經來訪。有一次，我們女皇齊塔（Zita）的兄長，波旁的西克斯圖斯王子（Prinz Sixtus von Bourbon）來訪視我們的陣地。但他著平民服飾。我後來才知道，他其實是敵營軍官，在比利時軍隊中服役，因為法國的法律嚴格禁止波旁人進入軍隊。他在帝國境內的停留可謂是奧匈帝國與英法協約之間的單獨和平協定，也就是對德國陰險的背叛，但可惜沒有成功。

我在普羅賽克時開始接觸愛因斯坦一九一五年發表的理論，即使我在那裡隨時都有很多時間，他的理論仍讓我有很大的理解困難。無論如何，當時使用的複

---

* 譯注：實際為一種尖端電暈放電產生的光焰現象，常見於雷雨中海上航行船隻的船桅頂端。以三世紀義大利聖者聖依拉斯莫斯（Erasmus von Antiochia；又稱聖艾爾摩〔St. Elmo〕）命名。聖艾爾摩傳統上是海員的守護者，在惡劣海象時此光焰的發生被視為是守護的象徵，因而得名。事實上，在任何相同的物理環境條件下，皆可能發生該物理現象。

本上有一些旁注筆記，讓我後來覺得自己還算是聰敏。愛因斯坦對新理論的第一次表述大多是不必要地過於複雜，特別是一九四五年提出所謂「非對稱的」廣義化時又重複了這一點。但也許這不是只會發生在這位偉人身上，而是只要有人想闡述一個真正的新想法時，幾乎總是會發生。在一九四五年理論的例子裡，包立（Wolfgang Pauli）曾立刻告訴他，引入複數是不必要的花邊，因為即使沒有這樣做，他的每一個張量方程式也會分解成兩部分，也就是對稱的和斜對稱的部分。直到一九五二年在與考夫曼夫人（Kaufmann）合寫的作品中（發表在德．布羅意〔Louis de Broglie〕的歡慶特刊）*，他才採納了我更簡單許多的推導。附註一下，再者它的重要性在於機敏地排除了所謂的「強」立場。

大約在戰爭的最後一年，我的身分是「氣象學家」。首先在維也納，然後是菲拉赫（Villach）、維也納新城，最後又到維也納，這有很大的好處，因為如此我就避開了我們前線因被擊潰導致的悲慘撤退。

一九二〇年三月至四月，我結婚了，我們搬家——當然沒有帶家具——到了耶拿。在那裡我必須用一些「較新」的理論物理學補充奧爾巴赫教授（Auerbach）

的講座課程。如同我的老闆維恩與他的妻子（反猶太主義者，但比較是因為出身的關係，不是太糟糕），非常和藹可親的奧爾巴赫夫婦（猶太人）以同樣的友誼和熱情款待我們，這使我的處境輕鬆了許多。關於奧爾巴赫夫婦，我們在所謂的「政權奪取」（一九三三）之後得知，他們透過自殺以避開可預期即將到來的壓迫與屈辱。

其他在耶拿比較親密的友人，還有年輕的物理學家布赫瓦爾德（Eberhard Buchwald），他當時剛剛喪偶，以及埃勒夫婦（Eller），他們有兩個年幼兒子。埃勒夫人去年（一九五九）夏天在阿爾卑巴赫（Alpbach）拜訪了我們。可憐的埃勒夫人，她的「三個男人」在第二次世界大戰時平白無故地犧牲了他們的生命，把她一人孤獨地遺留在這世上。

按時間順序來描述生平，無論描述者是否與所描述的是同一人，至少對我來

---

* 譯注：在由 M.-A. Tonnelat 和 A. George 彙編的德．布羅意六十歲生日慶典（一九五二年八月十五日）紀念文集中，愛因斯坦與其助手考夫曼（Bruria Kaufman）再次總結了他們對於統一場論（Unified Field Theory）的研究方法。

說，可謂是最無聊的事情之一。因為在幾乎每個人的一生中，頂多只有一些個別經歷或評論是有趣的，但有意思的，很少會是在生命過程中的歷史順序，即使是重要的事件也是如此。因此，為了之後可以作為參照的時間次序，我先把我一生簡要地分為幾個時期做個概述，這樣我就不必一直像是在當編年史的作者一樣。

第一時期（一八八七—一九二〇）

我讓它以我結婚和移居德國（第一個維也納時期）作為結束。

第二時期（一九二〇—一九二七）

因為它把我帶到了耶拿、斯圖加特（Stuttgart）、布雷斯勞（Breslau），最後（一九二一）到了蘇黎世，我稱之為第一次旅居時期，而且讓它以我在柏林被任命為馬克斯·普朗克講座教授而告終。這個時期主要是波動力學的發現（一九二五年底在阿羅薩〔Arosa〕，發表於一九二六年）以及（一九二六／二七年冬），而因此前往當時發生旱災的北美洲進行兩個月的巡迴演講。

第三時期（一九二七—一九三三）

我指的是在柏林那段非常美好的講學和學習時間，在所謂的政權奪取之後，這個時期隨著我只任職到一九三三年夏季學期末而告終。此時我事先寄送了幾個大行李箱到瑞士，並於七月底前往南提羅爾度假。因那裡在戰後由聖日耳曼區（St. Germain）變成義大利了。即使慮及俾斯麥的偉大繼承者對奧地利實施的惡名昭彰的一千馬克制裁令（Tausendmark-Sperre），對持有德意志帝國護照的我們來說，還是可以自由通行。（但我妻子因為她母親的七十歲生日要前往維也納時，主管官員卻不准許。）在假期中我將辭職函寄到柏林，很長一段時間沒有收到回覆，之後柏林方面否認收到信函，最後，因為我那時獲得了諾貝爾物理學獎，未接受我的辭呈。

第四時期（一九三三—一九三九）

應該叫做第二次旅居時期。早在一九三三年春天林德曼（F. A. Lindemann），後來的雪爾維勳爵，訪問柏林期間，我在很偶然的機會說到心裡的排斥，他向我保證在牛津（Oxford）會有個像樣的「生活」。他後來也信守承諾。駕著我們為了逃離而新購買的BMW小型車，（我和我的妻子一起的）這趟旅途從義大利馬爾切西內（Malcesine）出發，經過貝爾加莫（Bergamo）、萊切（Lecce）、聖哥達（St. Gotthard）、蘇黎世，在巴黎參加了索爾維會議（Consul Solvay），再到布魯塞爾。然後，實際上是兩人分開，前往牛津。在那裡，林德曼安排我成為馬格達倫學院（Magdalen College）的研究員，我的薪資主要由帝國化學工業（Imperial Chemical Industries）支付。一九三六年，當我得到愛丁堡與格拉茨兩個擔任教職的邀約時，我選擇了後者。一個無與倫比的愚蠢決定。無與倫比，主要是說它其實反而導致了令人欣慰的結果。一九三八年，雖然我在格拉茨的教職可說是被納粹德國干擾了，但我已經答應德．瓦萊拉（Eamon de Valéra）要到都柏林的高等研究所任職。向他推薦我（因為我與漢密爾頓力學〔Hamilton'sche Mechanik〕的關係）來擔任此職位的是他以前的老師，愛丁堡大學的數學家惠塔克（E. T. Whittaker）；假使我在一九三六年接受了去愛丁堡任職的邀請（隨後波恩〔Max Born〕緊接著獲得此職位），那麼惠塔克教授基於對自己學校的忠誠就不可能推薦我。但我傾向選擇都柏林更勝一百倍，因為在愛丁堡，我必須很辛苦地工作，並且在整個戰爭期間都會是個敵國人（enemy-alien）。第二次的逃離（一九三八年九月與我的妻子一起）放棄了速度可能太慢的英勇「小灰」（我也沒有駕照了），一路從格拉茨經過羅馬、日內瓦、蘇黎世到達牛津，我們在那裡作為付費客人讓親愛的懷海德（Whitehead）一家招待了兩個月。都柏林研究所尚未「完成」，所以我們（與希爾德〔Hilde〕和魯絲〔Ruth〕一起）從一九三八年十二月直到一九三九年九月待在比利時，我充任法蘭奇基金會（Fondation Franqui）獎助的客座教授——在根特大學（Universität Gent）開設專題課程（用德語授課！）。然後大約四個月在拉潘（Lapanne）的海邊——除了有水母之外，那是段非常美好的時光。那是我第一次也是最後一次頻繁地看到有趣的海上螢光。在第二次世界大戰的第一個月，仍然一直使用德國護照的我們，是作為敵國人經由英國到達都柏林的。這可能主要歸功於德．瓦萊拉的推薦信，但也許這一次也是因為有林德曼的幫助，儘管一年前我和他有些不愉快。因為他是一個正派的人。順道一提，如我所確信的，他在第二次世界大戰時，擔任他的朋友邱吉爾

（Winston Churchill）的科學顧問，對保衛英格蘭有著不可估量的貢獻。

第五時期（一九三九—一九五六）

我稱之為長期流放時期，但我想要消除一下這裡「流放」這個字眼的負面意味，因為這其實是一段非常美麗的時間。如果不是這樣，我永遠不會認識這個相當偏遠又非常美麗的島嶼，我們就不可能如此無怨懟地度過恐怖的納粹戰爭，以致幾乎讓人感到羞恥。我無法想像，假如我待在格拉茨十七年「打穀」會是什麼樣子，即使沒有納粹、沒有戰爭。我們常常悄悄地對自己說：「我們感謝我們的領袖。」

第六時期（一九五六—？）

或說是第二個維也納時期。早在一九四六年，就有人邀請我回到奧地利擔任講座。我去請教德．瓦萊拉對此事的意見，他考慮到中歐懸而未決的局勢，強烈建議我不要這麼做。他的看法是對的。但是這位對我十分親切的友人對於我的擔憂（萬一我怎麼了，我的妻子在都柏林這裡完全沒人照料），他卻不太能感同身受。他大概是這麼說，如果這情況發生在他的妻子身上，他自己也會不知道該如何是好。好吧，我說，我樂意回到維也納，但要等局勢進入某程度上比較正常的狀態之後。我已經因為納粹兩次幾乎突然中斷我的工作，並且必須因此在其他地方重新開始，如果這第三次是我自願讓它發生的，也許就意味著，這就永遠結束了。從後來的聽聞中，我發現我的決定是正確的。被蹂躪過的可憐奧地利在當時看來仍然非常糟糕。儘管我可以看出人們對我非常友善。但我希望若要重修舊好能至少給我的妻子一筆養老金的請求並沒有被接受。過去的傷痛實在太巨大，而且其實有一部分至今（一九六〇）仍是如此，以致當人們無法對個別的受難者讓步時，只好拒絕對所有的受難者讓步。對我來說，在都柏林那十年（一九四六—一九五六）仍然非常寶貴，部分是因為在劍橋大學出版社用英文發表的一些小書，部分是因為似乎令人失望的關於「不對稱」廣義重力理論的工作。最後，但並非最不重要的一點是，在一九四八年和一九四九年維爾納先生（Werner）非常成功地切除了我雙眼的白內障。

當奧地利的情況一好轉，人們不僅以最高度的寬容恢復了我的名譽，甚而以形式上新聘的方式正式聘任我去維也納，雖然根據年齡，我專任正職的服務時間最多不能再超過兩年半。對此，我首先必須感謝我的朋友漢斯．瑟林，然後是教育部長海因里希．德里梅爾博士（Heinrich Drimmel），而同事羅拉赫（Rohracher）則是成功爭取了榮譽教授新規定的通過，讓我因此獲得重新任命而得到好處。

上述就是簡要的編年史式概述。我希望在某些地方還能再添加一些不會太無趣的想法或細節。我缺乏敘述的才能，無法創作出一幅真實的生活圖景。再者，這當然也不太可能，因為省略了與女性有關的敘述，而就我的情況，這會是個大缺漏，但似乎也必須如此，首先是因為流言蜚語，其次是因為它們實在不夠有趣，第三因為沒有人在這些事情上確實是完全坦白和誠實的，或許也不該如此。

以上所有內容都是在一九六〇年初寫的，現在（一九六〇年十一月）我雖然很高興能偶爾再把它翻讀一遍，但繼續多寫是不會了，因為這無多大意義。

說明

薛丁格以謙虛聞名。在不得不談論自己的情況下，他總是感到不自在，例如在他一九二九年普魯士科學院（Preußischen Akademie）的就職演說裡，他以這樣的一句話開場：「首先，請容許我盡可能簡短地恪盡學術就職演說所要求的令人不安的一項義務，那就是談論我自己。」

另一次可一窺薛丁格自述的機會出現在一九三一年。他接受了英國《觀察家》（*Observer*）的訪問，讀者因而得知，薛丁格原本計畫就讀工程課程，但表現幾何學的學分要求讓他打消念頭。這位當時已卓然有成的物理學家還透露，他內心最深的願望是成為詩人：「我並不必要給人留下我只對科學感興趣的印象。事實上，我早年的願望是成為一名詩人。但我很快意識到，詩歌很難用以糊口。另一方面，科學卻能給我一份事業。」

後來又出現幾次薛丁格可以談論自己的機會，包括一九三三年的諾貝爾獎授獎典禮，但他始終不太情願。據說他曾這樣解釋，他對自己沒有看重到會覺得有必要坐下來費力寫下自己過往的地步。

不過，一九六〇年初，他決定開始進行撰寫自傳這件惱人的工作。因為他終於確信自己無法逃避此事，而他應該就是最瞭解他自己的人。於是薛丁格開始記錄他在長達數週的重病期間的所思所想。不過，他認為，在他那個世代中，關於戰爭和移民的書寫已經夠多了，而他的科學工作也算得上是眾所周知，因此，他把焦點放在對他的人生和思想具有決定性影響的人物和事件。他以自己慣有的清晰、偶爾反諷的簡潔文風，將這些人與事描繪在三十頁的手稿中。

在一封一九六〇年十月二十五日的信函後記裡，薛丁格就〈我的人生〉這篇自傳向他的朋友索科爾（Franz Theodor Csokor）提出請求：「我希望在標題中以此為名：艾爾溫．薛丁格。和平功勳勳章。」

本說明根據奧地利數學家，數學史學家迪克（Auguste Dick）所寫之專文，見 Erwin Schrödinger, *Mein Leben, meine Weltansicht*, dtv, 1985, S. 5-10

我的世界觀

謹以至誠獻給我聲蜚望重與敬愛的朋友波爾澤（Kurt Polzer）

前言

這兩篇在此第一次付印出版的文章相隔了三十五年的時間。較長的第一篇是我在柏林被任命為普朗克的繼任者之前不久寫的，那是在現今所謂的波動力學的想法開始在一段時間裡完全占據我所有興趣的幾個月前，較短的第二篇是我在維也納大學退休兩年後。這兩者在主題上彼此密切相關，當然也與我在此期間公開表達的一些想法密切關聯。

預設有較大的讀者群會對「我的」世界觀感興趣，這是否是我自己的苛求？這將由評論家來決定，而不是我自己。多數情況下，謙虛的姿態背後總是隱藏著——真正的自負。這是我想讓自己擺脫的束縛。無論如何，我把字數數了一下，總共大約有兩萬八千到兩萬九千字——對於描述一個世界觀來說不算太多。

有一種指責是我無法避免的。這裡所談論的與因果性、波動力學、不確定原理、互補原理、膨脹的球狀世界、連續的創造行動等等完全無關。為什麼他寧可不談他懂得的，非要越俎代庖地充當專業哲學家？所謂別讓鞋匠逾越本分地說三道四（Ne sutor supra crepidam）。對於這種指責，我樂於說明我的理由：因為在我看來，這些事情並不像如今那麼跟純哲學世界觀有關係。在一些關鍵點上，我相信我與普朗克和卡西勒（Ernst Cassirer）有一致的觀點。一九一八年我三十一歲的時候，我本有相當確定的機會將前往切爾諾夫策受聘為理論物理學家（成為蓋特勒〔Geitler〕的繼任者）。我原本打算，暫且按照我心愛的、在戰爭中喪生的哈森諾爾老師宏偉出色的講座模式，首先在那裡老老實實地講授理論物理學，但此外我想研究哲學，如我當時正熱衷浸淫地深入探究斯賓諾莎、叔本華、馬赫（Ernst Mach）、澤蒙和阿維納留斯（Richard Avenarius）的著作。但由於切爾諾夫策很快就不再屬於我們，我的好天使就在此期間出現了。原先的哲學打算沒有任何結果，我不得不留在理論物理學的研究，令我驚訝的是，有些時候居然還有點成果出來。因此，這本小書事實上讓我總算得償夙願。

寫於阿爾卑巴赫，一九六〇年七月

尋找出路

（一九二五年秋天）

真理出現在疑惑產生新疑惑的地方。

——格瑞帕澤（Grillparzer）

一　關於一般形上學

像**康德**（Immanuel Kant）那樣排除全部的理論形上學相對上是很容易的。無須一顆強大的肺臟來辛苦費力，僅僅只需鼓起一點無比的勇氣，那麼，輕輕的一口呵氣，就能不費吹灰之力地把那古老神聖而今已近頹圮的形上學紙牌屋吹垮。

但我們當然不能因此就相信，這樣我們就能真的將形上學從人類經驗知識的內容中排除。因為事實上，如果我們**排除**所有的形上學就會發現，要對任何特定科學中即使範圍最小的專業領域提出任何可理解的解釋，就會變得困難得多，或者可能根本做不到。別的不說，僅舉一個相當粗略的例子，如對於你現在眼前存在的這個上頭帶有黑色標記的許多張木漿薄層，它超出物質的——即超驗（transzendenten）——意義之不容置疑的接受，就是歸屬於形上學。

或者，從更深層次來看：只要想一想那種令人窒息與不安的感覺。當人們第一次聽聞**克希荷夫**（Kirchhoff）*和**馬赫**對物理學（或一般科學）任務的描述時都會襲上心頭的那種感受：**以盡可能完整和盡可能的思想簡潔對事實做出描述**。那是一種人們無法掌握的空虛感，儘管那樣的描述有理論理解上幾乎無法抗拒的篤定、甚至熱情的贊同。事實上（平心而論），如果人們誠懇忠實地問自己，**只是這樣的話**，並不足以在任何領域中維持研究工作的進行。真正取消形上學，意味著將靈魂從藝術**和**科學中剝離出來，將它們變成無法繼續發展的枯骨架。

但理論形上學**已被**揚棄。康德的批判在這點上已不足依恃。後康德時期的哲學——也許一直延續到現在——顯示了形上學在痛苦轉折中的臨終掙扎。

就自然科學的立場而言，在我看來，後康德的極端困難如下：一方面透過不斷地築起一道道的圍牆將形上學阻隔驅退，不讓它影響到個別專業領域裡被視為真實的事物的解釋；另一方面同時又保留它作為我們普遍知識和殊化知識的不可或缺基礎。這其中明顯的矛盾正是問題所在。

我們可以這樣想像，當我們在知識的道路上前進時，雖然我們**必須**任由有如從一團迷霧向我們伸出的形上學無形之手指引，但我們必須時時刻刻保持警惕並要有心理準備，它那溫柔親切的引導可能誘惑我們走進深淵。

或者另一種比喻，換個角度看：形上學是知識大軍的先鋒隊，是挺進未知世界敵營時的最前哨；它們是不可或缺的，但也如大家所知，暴露在最極端的危險中。

或者說，形上學不屬於知識大廈的一部分，但它是不可或缺的鷹架，沒有它就不可能繼續建造房屋。也許甚至可以說：形上學隨著物理學的發展**演變**——但不是在康德**之前**那個樣子。也就是說，**從來**不是透過逐漸確認最初還不確定的想法，而總是透過哲學觀點的澄清與**轉變**。

當我們離開純知識領域而將眼光投向整體文化、因此連同倫理學問題時，我們要如何接受形上學已死的宣告，這將變成一個更加嚴肅和困難的問題。如眾所周知，沒有人比康德本人更清楚這一點——他的理性批判第二部分的形成正歸因

---

* 譯注：德文原作 Ausnahme 一字，疑似作者誤植，應為 Annahme。Kirchoff 應是 Kirchhoff，作者誤植。克希荷夫（Gustav Robert Kirchhoff）為十九世紀德國著名物理學家。電學中著名的克希荷夫定律即根據其名字命名。

於此。

在過去的一百年中，西方世界在**一個**很特定的方向上取得了相當大的發展：也就是說，對空間－時間自然現象的基礎有了透徹的瞭解（物理和化學），並且據此推衍；構建了（在最廣泛意義上的）奇妙豐富的「機制」，從而擴展人類意志的影響範圍（科技）。在此，我覺得有必要明確指出，我完全不會把**這一點**，尤其是前面提到的科技，當成是歐洲在此期間發生的最重要的事情。我認為，這個以科技自詡的時代，以後很可能在某個時候，在它發散最明亮的光芒和最深的陰影之後，被描述為物種起源論（或演化思想）的時代，同時也是藝術沒落的時代。不過，這只是先順道一提而已，**現在**要談的是目前最緊要的。

由於這種局部的「象皮病」（Elefantiasis），其他文化的發展方向、知識的發展方向和西方人腦子，或者隨便人怎麼稱它，它的發展方向都被忽視，甚至比以往任何時候都更糟地衰敗了。也就是說，幾乎有如**一個**發育過盛的器官對其他器官產生了直接損害和致殘的作用。

幾個世紀以來，在教會最可恥的奴役之後，自然科學抬起頭來，而且在它的神聖權利和天賦使命的意識下，用憤怒和仇恨的打擊來反抗它的古老虐待者，卻未注意到，儘管虐待者有所不足和忘卻職責，仍然是我們祖先最神聖遺產的唯一被任命的守護者。

慢慢地遠古印度智慧的火花幾乎沒有被察覺地熄滅。不可思議的拉比在約旦河旁將它重新燃起，它也穿透中世紀的昏暗夜幕照耀著我們。**重生**的希臘太陽散發光芒，它的光芒熟成了我們現在享用的鮮果。人們不再知道這些事情。多數人變得沒有堅持，也無所適從。他們既不相信上帝，也不相信神祇。對他們來說，教會有如一個政黨，道德變成只是煩人的限制，因為隨著失去了人們長久以來賦予它的、而今已變成不可能的信仰基礎，道德失去了**任何**根基。可以說出現了普遍的返祖現象，西方人性飽受退回難以克服的早期發展階段的威脅：明目張膽且毫無節制的利己主義正趾高氣揚地咧嘴獰笑，並揮舞它久經人類原始猜忌的劣根性所淬鍊成的、已無堅不摧的拳頭，企圖奪取已失去舵手的船舵的支配權。

二　令人失望的歷史回顧

如果綜觀過去一千五百年來西方思想理論和實踐的最後成果，那會不太令人感到振奮。西方智慧的最終結論——所有的超驗都必須徹底消失——並不真正適用於此結論真正應指涉的**知識**領域，因為我們在知識領域不能沒有形上學的引導。相反地，當我們認為我們可以沒有形上學時，通常只是讓極度天真和瑣碎的錯誤，取代了古老而宏大的形上學錯誤。另一方面，從知識份子中產階級開始，在**生活**領域已經啟動了一種**實踐**的形上學解放，傳遞這種自由的高貴使徒——我主要是指康德和啟蒙運動的哲學家們——若能經歷到這種解放，也會不寒而慄。正如人們經常觀察到的那樣，我們的狀況與古代的開端有驚人的相似之處。而且這種相似性不僅在一般反對宗教和道德上，就下面這一點也存在著一致性，亦即就時代信念而言，兩個時代都認為自己在實用知識領域走上了一條堅定、安全的道路，至少在其一般形式和基本原則上，不受觀點演變的影響，當初是亞里士多德哲學，如今則是現代科學。如果這個比較經得起考驗，那麼後者就麻煩了！也就難怪我們會缺乏勇氣在子孫面前解釋我們是怎麼繼承了這麼多的這些被動（思想）遺產，我們是怎麼繼續把這些很明顯會第二次信用破產的思想傳下去，就像兩千年前一樣。

當人們越是試圖深入探討那些歷來一直作為哲學對象的普遍關係的特質，就會越是感到不被鼓勵，而且相反地被阻止對它們做出任何命題陳述。因為人們會更加意識到，**那些陳述的每一個**都是不清晰、不恰當、不準確和偏頗。（對於這種**否定**態度，再也找不到像佛教智慧那麼明顯的相應作法。在佛教裡總是試圖賦予它象徵性的表達，以及使用矛盾陳述，例如既不是A也不是非A的東西，但它也不是「既不是A也不是非A」，或可說它「既是A又是非A」。）

綜觀古代或現代哲學所謂客觀、歷史性的記載時，讓人失望的是，我們總是不斷聽到這樣的說法：A「代表」這種看法，B是那種，這個人是X學派，那個人是Y學派，他服膺這個或那個系統，或者部分這個系統、部分是另一個。其中各家觀點幾乎總是被相互對照地呈現，有如它們真的是對**同一**對象的**不同**觀點。但是，這種表述幾乎使我們不得不把這兩個思想家中的一個或另一個，或是兩個，視為瘋狂，或者至少完全缺乏判斷力。因此，人們很容易開始懷疑，後代的人、甚至自己怎麼可能認為這些蠢蛋未經深思的胡言亂語值得進一步傾聽。但事實上，至少在很多情況下，這卻是那些最善於思考的人頗有根據的信念，因此人們可以肯定，由於對象世界的非常不同**面向**確實能在反思意識中察覺出來，他們所下判斷的差異必也來自對象事物本身的差異。當然，批判性表述應該不像經常所見那樣強調它們之間的**對立**，而是將這些非常不同的面向合成一個整體圖像，而這沒有任何妥協，因為如此必定會導致混亂和因此一開始就不真實的命題。

真正的麻煩在於：把思想形塑成媒介的、好記的語言，等同於紡紗工人所做的工作。只有在被製成絲綢時，材料才有了它的價值。但是在日照下，它會變硬，變成陌生的、不再具有可塑性的東西。沒錯，我們藉此可以更容易、更自由地喚回同樣的想法，但我們卻再也無法如先前那樣以相同的本來面貌來體驗它。因此，最終究和最深刻的知識總是「較為優質的聲音」（voce meliora）。

三　哲學的驚奇

伊比鳩魯曾經這樣說，而且也許是說得相當有道理，所有的哲學都起源於「thaumazein」，哲學的**驚奇**。一個人若從未在任何時候對我們莫名遭遇的情況那種極端陌生和古怪感到震撼的人，那麼他是一個與哲學無緣的人，此外，他對此大概也不太會感到遺憾。非哲學和哲學的態度可以非常明確地如下區分（幾乎沒有任何灰色地帶）：一種態度把現有的關於萬有的一般形式視為理所當然地接受，並且只有諸如**今天在這裡**有別於**昨天在那裡**所發生的不同特殊內容才使他感到驚訝；而第二種態度，不同於前此，恰恰是以所有經驗中最普遍地表徵我們的遭遇之共同特徵——其實，幾乎可以說就是，**究竟體驗到**、**遭遇到什麼的那個事實**——作為最首要且最深刻地讓人感到驚訝的理由。

在我看來，第二種類型的驚訝，這種驚訝無疑地確實存在——這本身就是非常令人驚訝的事情！

因為，驚奇或驚訝應該總是出現在所遭遇的與**正常**情況**不同**時，或者至少出於某種原因與**預期**不同。但對我們而言，這整個世界我們只遇到過一次。我們沒有任何東西可以與之做比較，也看不出我們應如何抱持某種特定期望來面對它。然而，我們真的感到驚訝、感到有謎題在等待我們去解，但無法描述，如何的感受才能讓我們不會感到驚訝——世界應該是什麼樣子才不會交付謎題給我們！

當我們面對哲學**樂觀主義**和**悲觀主義**的現象時，比起這普遍性的**驚奇**，**缺乏可比較的對象**所帶來的困擾更加明確地突顯。如眾所周知，有一些非常著名的哲學家，宣稱我們的世界是非常糟糕、令人悲傷的創造，還有另一些哲學家，宣稱它是所有可以想像的世界中最好的。*但是，我們會怎麼說呢？這就像如果有人一生從未離開過他家鄉的村莊，卻想把這地方的氣候說成是異常炎熱或寒冷！

這些價值判斷、驚奇和謎題發現的現象，不是針對事物的任何特定面向，而是針對作為事物之整體，而且不是在傻人身上，而是極有思考才能的人經驗到的；在我看來，這似乎表明，在我們所經驗到的之中，有一些關係被確立。這些關係至少到目前為止既無法藉由形式邏輯、更無法藉由精確的自然科學被掌握，即使只是這些關係的一般形式也是如此。這些關係，總是一再促使我們走向形上學，也就是走向超越可直接體驗的，即使我們手上的形上學死亡證明書，已經有了那麼有效的背書。**

* 叔本華與萊布尼茲！
** 康德的背書！

四　問題：自我—世界—死亡—多元性

如果我們一開始就同意，拋開那種以身體為其居所、在死亡時從它脫離出來、而且在身體之外也能存在的靈魂的想像，把這種關於**靈魂**的想像視為過於幼稚的建構而暫時先不討論，那麼我認為，有個若非**最主要**、也會是最主要之一的問題，而在解決此問題之前，形上學的衝動終究不會平息，這個問題可以很簡要地描述如下。

考慮底下四個問題，作為一個整體，它們無法用「是」和「否」的任何令人滿意的組合來回答，而總是在一個無止盡的迴圈中循環。

一、存在一個「我」嗎？

二、世界是否存在於「我」**之外**？

三、這個「我」會隨著肉體的死亡而終止嗎？

四、世界會隨著「我」的肉體死亡而終止嗎？

假設有個「我」，那麼根據生理學的所有事實，那麼確實會有一個「我」的內在且必然的由全部知覺組成的鏈結，其連接著一個具有物質樣態的自身**身體**。而這個「我」隨著身體毀滅終將消解，也是無庸置疑的。此外，按照這想法，同樣無庸置疑的是，假定一個**包括**「我」的**世界**是沒有根據的。因為兩者都由相同的經驗「元素」組成，而且就我們一般所謂的世界，它的組成，**完完全全**也由屬於「我」的這類元素組成。無論如何，我們稱之為世界的東西只是「我」的一個部分複合體，而自身的身體只是世界複合體中的部分複合體。因此，所謂的世界會因為它自身的一小部分的破壞性干擾而完全毀滅，這就真是可怕荒謬的結論了。附帶說一下，有百萬個這樣的小部分樣本。

相反地，如果假設存在的**只有**世界，那自然就不再有理由認為，世界會隨著「我」的自身身體毀滅就停止。然而，如此的話，會出現以下我認為至今為止只在印度數論（Samkhya）哲學中被重視處理的悖論：

假設有兩個人身A和B。把A放在某種特定的外部情境中，例如有個特定的圖像被看見，就說是一個花園的景色好了。在此同時，B被放置在一個昏暗的房間裡。如果現在A被放入暗室，讓B處於A之前所處的相同情境，結果根本沒有什麼花園景色，那裡一片漆黑（因為A是**我的**身體，B是別人的身體！）。這裡的矛盾非常明顯，因為現象上，就其普遍性和作為總體而言，這**缺乏**充分的理由，就像讓兩個負重完全相同的秤盤的其中之一下沉一樣沒道理。當然，**這個**身體還有許多其他方面不同於所有其他的身體。它總是以一個完全不同和非常獨特的視角被觀察。它作為唯一可隨意移動的，或者換一種說法——我們稍後對意志做分析時會再回來討論這一點——它是唯一能在某些舉動發生的當下以幾乎不容置疑的確定性可被預先知道的。它是唯一在受傷時會帶來疼痛的。從所有這些特性中，我們大概可以設想其中一個作為所有其他的充分基礎。但是，畢竟在**所有**身體中，有**一個**因具有這些特性的**整體**而應從**所有**其他的身體之中突顯出來，實在看不出有什麼道理這樣做。因此，除非我們設想一個真的具體的靈魂「我」，它是在空間—物質意義上**內在**於這個被突顯的身體中——但這正是我們先前一開始就不加討論地拒絕的天真想法。

當我們面對以下眾所周知的思考時，所遭遇的大體上同樣是這個困難，儘管以不同的角度——一如許多真正的哲學問題，即使不能說全部，都歸結於此處。

讓我們隨便舉一個感官知覺做例子，例如對特定的某一棵樹的知覺。許多哲學家告訴我們，我們必須將一個人從這棵樹所獲得的知覺，跟這棵樹本身或者這棵樹的「自身」區分開來。理由是，因為事實上並非這棵樹自己，而是只有某些從它而來的某種作用進入了觀察者，多麼天真的想法！當然，我們或許可以從一個稍微進階的觀點來接受這個想法，假使今天我們可以視為確定地說，當且僅當觀察者的中樞神經裡有某些、儘管在細節上我們還完全未知的神經事件發生，這棵樹才能被看見而且被察覺。但若是這樣的話，則對於這些事件過程，我們還可以確定地說，如果我們確切地知道它們，我們也不會把**這些事件**描述成一棵樹，也不是對一棵樹的知覺，或者當成被知覺的樹。這樣的話，是不是可以說，大致上，我們實際上只是察覺了這些過程。這些過程是我們感覺和思維的直接基礎。當然不是，否則我們就不會發現自己處於對它們如此可悲、絕望的無知狀態。那麼，我們知覺到的是什麼，或必須與這棵樹的自身區分的這個對樹的知覺是藏在何處？

要擺脫**這種**困難，眾所周知，馬赫、阿維納留斯、舒普（Wilhelm Schuppe）和其他人已經找到了一種非常基進和簡單的出路。這個出路大概如下：在康德已經確定「樹自身」（Baum an sich）不僅是（正如英國哲學家已經知道的）無色的、無嗅的、無味的等等，而且也完全屬於物本身的範疇，而物自身對我們而言在所有的每一個方面都是完全無法經驗到的，我們可以一勞永逸地宣稱，這個物自身（Ding-an-sich）對我們來說完全令人不感興趣，以致如果有必要，我們可以**忽視**它。那麼，在我們感興趣的事物的領域中，這棵樹只是**單一**存在的，而且我們也可以把給定的這個東西稱之為樹，或稱之為對樹的感知——前者的優勢只是比較簡潔。所以呢，這裡的一棵樹就是唯一給定的東西，它是物理學之樹，**同時**也是心理學之樹。正如我們在前面已提到的，構成自我和外部世界的是**同樣**的元素，而且在各種複雜形式中，這些元素時而被描述成——外部世界的組成部分，時而被描述成——感覺、知覺——自我的組成部分。上面提到的思想家稱上述的想法為自然世界概念的修正，亦或稱為對素樸實在論的確認。這種想法消除了一大堆虛假的問題，特別是著名的杜・波依斯—雷蒙德（Du Bois-Reymond）的無知主義（Ignorabimus）：感覺和意識如何能從原子運動中形成。

但是，如果我不是**獨自**一人站在那棵樹前，而是和我的幾個同伴一起，且當我透過交流告知才充分確定地發現，我們全部都以同樣的方式感知這棵樹，那會怎麼樣？如此，我不得不假設，**一個**元素複合體——也就是這棵樹——同時屬於幾個意識的組成部分，又屬於幾個自我，在數值上是共有的。應注意，共有的不是感知的**對象**，而是**感知組成部分**。事實上，上面提到的思想家中沒有一個反對這個乍看之下當然有點奇怪的結論。例如，馬赫曾說過（*Analyse der Empfindungen,* 3. Aufl., S. 274），他「在我的感覺與別人的感覺之間不做本質上的區分。**同樣的元素**（黑體字強調是原文所有）在許多連結點，即許多的「我」們，是關聯在一起的」。阿維納留斯與特別強調的舒普，都表達同樣的意思。因此，例如舒普說（*Avenarius, Der menschliche Weltbegriff,* 3. Aufl., S. 155）：「我最急於不斷強調的是，雖然有些意識內容在此意義上是主觀的，但並非所有；相反地，各個自我的意識內容一部分不僅在性質上是相同的，而且是且必須是它們的共同內容，因為它們在數值上是相同的，在嚴格的意義上是相同的。」

然而單是這樣的結論，即使是唯一前後一致的，對我們西方人而言也已是非常奇怪了。因為我們離馬赫和阿維納留斯所說的素樸實在論已經太遠了，並且已經習慣於相信——儘管沒有什麼可以證明這一點，其實是最原初的日常經驗剛好證明了相反的情況——每個人的感覺、知覺和思想是一個嚴格的獨立領域，這些領域彼此之間沒有任何共同之處，既不重疊也不直接相互影響，相反地，它們之間絕對互斥。在我看來，多個個體共有知覺元素的想法就其本身而言，完全沒有自相矛盾，或是與其他已知經驗衝突；毋寧說是，事實上因為這種想法，修正了真的很天真的人所認為確實存在的那種事物狀態。此外，如果把這種共同性只針對於藉由相同「外部對象」而喚起幾個人的感官知覺，這樣說未免也太狹隘了。不同的幾個人心裡想著同一個想法，這在實際生活中比在科學中更常發生——是**真實**共有的想法，它們是**相同**的存在，一個立基在計數思考個體數目的對於量的數值陳述，就思想面向而言，是沒有任何根據的。

真正的悖論是出現在我們前面剛剛結束討論的地方。也就是如下的想法，即那種大部分相同的元素在許多關鍵結點（即「我」們）連結在一起的想法，它很清晰也很好，只要我們進一步設想我們自己是真正特殊的自我，而且只是一個對整體的未參與的外部描述者，就像一個超驗的上帝。但是，一旦我們想到我們自己**就是這些許多的「我」中的一員**，這整個元素構成體不斷地、不懈地只以**一種**高度不對稱和武斷的視角呈現出來，那麼我就不得不問，是什麼使相同的**這一點**在整體上如此與眾不同等等，完全如同我們上面所討論的。

五　吠檀多的基本觀點

讓你的精神攀上巔峰如焰火般翱翔
比喻和意象便已足矣

——歌德

因此，對於哲學來說，真正的困難在於**進行直觀與思考的個體在空間和時間上的多樣性**。如果所有事件都只在**一個**意識中發生，那麼整個事態就會非常簡單。這樣就會有某種可被發現的、根本上是給定的某種東西，這種東西——附帶地說，不論它的性質為何——不太可能會給我們帶來比我們目前實際上已有的更大的困難。

我不認為，透過我們智性裡的邏輯思考可以獲得這個癥結的解決方案，但是用語言表達它倒是很容易，也就是：我們感知到的多元性只是**表象**，**事實上它根本不存在**。吠檀多（Vedânta）哲學試圖用一些類比來說明它這個基本教義，其中最為人樂道的類比之一是用水晶來比喻。水晶能將僅是單一存在的物體呈現為數百個小映像，但物體並未因此真的變成許多個。我們今天的理智人不習慣接受圖像式類比作為哲學知識的有效手段，我們堅持邏輯演繹。但是，與此相對，藉由邏輯思維也許可以至少讓人瞭解，透過邏輯思維來掌握現象的根本應該是非常不可能的，因為邏輯思維本身就屬於現象，而且完全受囿於其中；在這種情況下，不禁要問，我們是否因此就必須放棄對事物採用形象、比喻式的直觀見解，只不過因為它的正確性無法得到嚴格的證明。在很多情況下，邏輯思維總是將我們帶到某處，然後棄我們於不顧。對於無法直接推斷、但似乎是因為這種邏輯思維方式引申而至的領域，假如我們能夠做出適當的增補，使這種思維方式不再走向漫無邊際的絕境，而是收斂到此領域的某個中心所在，如此，對於我們的世界圖像，將會是彌足珍貴的完整補充。它的價值不再只是根據邏輯的必然性與明確性作為判準，儘管它們是我們增補的出發點。在成千上百的案例中，自然科學都是以這種模式操作，且早已視之為理所當然。

稍後我們將特別藉由指出現代思維的許多個別思路，來嘗試說明吠檀多基本見解的支持根據。這些現代思維的個別思路正是朝向它收斂的。不過，先讓我勾畫出一個具體體驗圖像作為例子，它將有助於我們的理解。其中，下文一開始所描述的特定情境，可以合理地被任何其他情境所取代。它只是提醒我們，這樣的事物需要的是**被體驗**，而不僅僅是被智性地認知。

假設你坐在阿爾卑斯高山鄉村一條小路旁的長凳上。你的周圍都是間雜著岩石的草坡，山谷對面上有一片灌木叢碎石地。森林覆蓋的山脈在山谷兩側陡峭高升，直到沒有樹木的高原草地；而在你眼前從山谷深處升起尖頂上積雪的巨碩高峰，它有柔軟白雪環抱的山腰和稜角銳利的岩脊，此刻正好被落日的最後一道光芒籠罩在溫柔的玫瑰紅暈裡，被透明、清澈的淡藍色蒼穹美妙地襯托出來。

如你眼睛所見的所有這些景色——根據我們一般的見解——除了微小的變化，在你來**之前**已經存在了數千年。再過一會——不用很久——你就不在了，而森林、岩石和天空將在你**之後**的幾千年裡在那兒亙古不變。

突然將你從虛無中喚來享用這個壯觀、無視於你的奇景的那個東西，它是什麼？你存在的所有條件幾乎和岩石一樣古老。幾千年來，男性一直在努力、受苦、繁衍，女性在痛苦中分娩。也許一百年前，另一個人坐在這個地方，像你一樣懷著敬畏和渴望，仰望著山上餘暉漸退的積雪。像你一樣，他是男人所生，也是女人產下的。他和你一樣感受痛苦和短暫的喜悅。他是別人嗎？難道不是你自己嗎？你的這個自我是什麼？必須附加什麼條件，這個被生下的才能是你，恰恰好是你，而不是——別人。這個「別人」到底應該有什麼清楚、具體的**自然科學**意涵呢？如果現在是你的母親的那個她和別人在一起，生了一個兒子，而你的父親也做了同樣的事，你還會成為你嗎？或者你活在他們裡面，在你父親的父親裡……幾千年前早已如此？就算是這樣，那麼你為什麼不是你的兄弟，為什麼你的兄弟不是你，為什麼你不是你的堂兄弟呢？在客觀上**相同**的情況下，是什麼讓你發現如此固著的差異——你和別人的差異？

在這樣的直觀和思考下可能會發生的是，我們可能會忽然發現吠檀多基本信念的深刻理據是很有道理的：這個統一體，這個你稱之為**你所有的**認知、感覺和意願，不可能在不久之前才在一個可給定的瞬間從虛無中湧現出來；相反地，這種認知、感覺和意願本質上是永恆、不變的，而且在數量上只是所有人之中的**同一個**，也就是在所有能感知的生物中的同一單一的個。但也不是說，你是一個永恆、無限的存在的一部分，或者是其中一個面向或它的一種樣態，就像斯賓諾莎的泛神論主張的那樣。因為若是這樣仍然留下同樣的不可思議：你是哪個部分、哪個面向？什麼使它們客觀上有別於其他的部分與面向？不，是因為這以一般理性看來是如此不可思議：你——以及所有其他有意識的生物就其自身而言——是全部中的全部。因此，這個你所活出來的你的人生，也不只僅僅是整個存在的一部分，而是在某種意義上就是**整個存在**。只是，這個整體並不是像**一眼**就能看出全貌那樣構成的——這就是正如我們所知，婆羅門用神聖、神祕卻又那麼簡單且那麼清晰的格言所表達的：此即汝也（Tat twam asi）。或者，也可用如下話語來表達：我在東方也在西方，我在下面也在上面，**我是整個世界**。

這樣的話，你大可讓自己平躺在大地上、緊貼其母體基地，擁抱無疑的堅信：你與她合而為一，她與你合而為一。你和她一樣基礎牢固、堅不可摧，其實是更牢固、更堅不可摧千倍。有多麼肯定地，明天她會將你吞噬，就有多麼地肯定，她會將帶你重生投入新的奮鬥和痛苦。而且不僅僅是有朝一日；就在此刻、今天、每天她都孕育出你，不是**一次**，而是成千上萬次，就像她每天吞噬你。因為這是永恆且只有**當下的**、單一且同一的這個此刻，這個當下是永無止境的唯一。

對這個真理（行動中的個人只有很少機會意識到）的直觀，正是任何道德上有價值的行動之基礎。這個真理讓情操高尚的人，在為了一個被斷定或相信為良善的目的行動時，不會盲目地賭上生命。而是——在極罕見的情況下——即使在沒有個人拯救的希望下，也能心安理得地犧牲。這個真理——在也許更罕見的情況下——將引領善行者之手，使他即便在沒有來世報償的希望下，也能為了減輕他人的苦難，而願意自己承受失去的傷痛。

六　科學思想的通俗導論

在我們所討論過的基本見解中，有一個就現代自然科學思想而言相對最容易接受的想法，即使這想法只是作為部分命題而具有通俗的特徵。那就是，種屬繁殖行為使演化鏈系譜中的個體得以連綿不斷地分化，其實並不代表真正的中斷，而應視為只是形成如軀體的以及如精神生活上的演化緊束。也就是說，在很相近的意義上，當我們談個體的意識與其祖先的意識的同一性時，就如同在談我們自己一次深眠前後意識的同一性。反對承認這個事實的論點大多是指出，記憶的連結在一種情況下存在，而在另一種情況下——據說完全地——不存在。然而如今，我們已經相當大程度地知道，在許多動物的**本能**中，我們每每都能發現一種超越個體的記憶。眾所周知的例子包括：鳥類築巢——所築的巢通常正好符合這個物種的蛋被預期的大小和數量，儘管排除了所有的個體經驗；再者，在許多狗兒身上觀察到用腳踏平草地的「鋪床」行為——在波斯地毯上！還有，貓兒即使是在木地板或鋪磚瓦的地面上，總是努力掩埋牠們的排泄物，這行為的意義顯然是要增加敵人或捕獵對象嗅覺辨識的困難。

在人身上發現類似的現象之所以困難，是因為在此每個人對自己的行為總是有一種對相應過程的內在直觀，並且伴隨——在我看來是錯誤的——一種信念，即只有當行為完全不假思索、沒有伴隨任何思考地發生時，才是所謂本能的行動。因此，連物種**記憶**這種正是強調這件事主觀面向的用語，人們也傾向於質疑，而且一整組可作為我們在前面開始時稱為連續特性證明的現象，其作證的價值也受到貶抑。然而今天，如同動物一樣，人類身上以某種帶強烈情感取向的情結，其帶有超越個體記憶的明確印記。那是性感受的初次覺醒、兩性間的吸引力和排斥感、對性的好奇、對性的羞恥感等等，所有這些難以形容的情感，部分令人尷尬、部分極為美妙的情感，特別是戀愛時的固執選擇特徵，它最清楚地表明個體中非屬整個物種共有的**特殊**精神遺跡。

在市民階級日常生活裡特定一群人身上常發生的所謂發聲抗議的這類現象中，我發現另一個對自古遺傳深刻記憶的「追憶」（Ekphorie，根據澤蒙的理論）的例子。當有人——無論是實際，還是在我們看來——侵犯了我們的權益，我們會感到自己處於被激起或強迫立即採取強烈的干涉、教訓、斥責等等行動的情境。此時我們變得「激動」，脈搏數顯著提升，血液衝上腦門，全身肌肉緬緊、發抖，彷彿在「充電」一樣，以將難以克服的衝動付諸行動。很快地，整個生物機體完成顯而易見、針對性的布署，以應對成千上萬的先人在類似情況下實際**所做的事**：對違法者的**暴力**攻擊或抵抗，這是在**他們的**情況下唯一正確而且必須做的。對我們來說，通常不會這樣做。然而，我們無法控制所有這類的現象，它們發生在任何有這種傾向的人身上，即使他非常清楚，實際暴力介入是他不可能做的，或可能給他帶來如此嚴重的傷害，以致他永遠不會認真考慮暴力，尤其是當他有意識的意志完全且將所有力量專注於以**言談**達成較有把握的防禦時，因為——我會假設——僅憑這樣，就可以保護他免受嚴重傷害，就像**他的**先人使用拳頭一樣。其中，整個隔代遺傳的張力機制嚴重阻礙了他使用自己的防禦手段——生物體有機組構致力於避免「遺傳記憶變態的不協調」，更尤其清楚地表現出上述現象作為（根據澤蒙的理論）的自我**記憶**特徵。深刻記憶演化的傳遞方式是「強制植入」的。在現實裡我們需得自制，而誰不知道它造成的苦痛！而且只要有那麼一回——對抗所有理性——形成了協調一致性，記憶遺傳的律則又將如何堅定地展現出威力！另外，日常的理智完全會以我們所詮釋的方式來判斷這整個過程。人在這種情況下會感覺到與基本的自然力對立，然而行動者自己常常**知道**，他在進行不存在動機的行動，引導他的**不是**一般語言意義上的動機，因此也可能在下一刻就已經感到懊悔。

在上述的情況中，有某些特殊的類型，在其中尤其明顯的，帶有祖先遺傳色彩的、具有在我們個體生命形成之前的先人早期生活沉積影響的情況，還可以或多或少地再舉出許多例子。我在此想到的特別是「令人喜愛」與「令人反感」、某些無害的動物所引起的厭惡感、某些處所給人家的感覺等等。但它們絕非我們在說意識的連續性或同一性時所意指的全部，即使我們指出的不是這樣的案例，我們仍然會有相同的論斷。

我的意識生命取決於我的肉體，特別是我中樞神經系統的某種狀態和運作方式。但這些都與早期存在的身體的構造與運作方式有直接因果和遺傳的關聯，後者全部又與有意識的精神生命連接在一起，而且未曾在任何時間點發生過生理事件的中斷；更確切地說，每一個這些肉體機構同時是緊接著的下一世代的**構造藍圖**，是**營造師傅**，同時也是**建築材料**，如此，使得它的一部分自己發展成它自身的複製品。這樣的話，我們如何能說在何處開始一個新的意識呢？

我大腦較為**特別的**特徵與習性、我的個人經驗，正好就是我真正謂之為我的人格的那東西，但這些卻不是依祖先的經歷業已先決定的。我對後者所指涉的當然不是**我**個別個人的祖先傳承。如此我們的討論來到一個思考點，在此本章開頭的部分陳述所論斷的似乎便顯得有些值得爭議。因為當然我所謂更高精神自我的型態基本上確實是先人經歷的直接後果，但並不完全或主要來自我血肉之軀的先人範圍。為了不讓以下內容看起來只是一種大膽的憑空捏造，我們應該先明白，個人發展過程的決定性因素有兩個，亦即（一）個人的胚胎結構的特性，以及（二）對個人產生影響的環境的特性——對我而言，這些其實是**完全同類**的因素，因為就其自身乘載之所有可能的發展而言，胚胎結構的特性，也是在更早期環境的影響和本質上有所關聯的情況下發展。而現在我們可以思考一下，精神人格的形成在何種程度上以獨有的方式與特定環境影響聯繫在一起，而此影響是同物種中有些還活著、有些已逝世的其他成員的精神人格所造成的直接結果。在此我們應惦記著，身為自然科學家的我們也可以、或說必須，將所有這些「精神」影響視為我們自己個別身體的（也就是大腦系統的）直接改變。這改變是透過其他個體的身體所造成的。也因此，**這些**影響與以物質性先人血統為基礎的那一種影響不存在根本上的區別。

沒有一個「我」是孤立的。在它背後有一個物質性與——作為其中一種特殊類型的——精神性事件所形成的巨大鏈結。作為相互影響參與成員的它，從屬於這個鏈結，並將之延續。因為它身體的、尤其是大腦系統的當下狀態，**且**因為透過教養和話語、書寫、古蹟文物、風俗禮儀、生活樣態、重新塑造的環境等等，因為即使千言萬語也無法描述、無法窮盡的所有這些，使得自我不僅只**連結**於先人的事件，不僅只是**它的**、完全只是**它的**成品，在最嚴格的意義上，毋寧說也是與它**同一的**、它的嚴格直接的延續，如同五十歲的自我作為四十歲的自我之延續。

相當引人注意的是，西方哲學雖然幾乎普遍地接受了這樣一種觀點，即個人的死亡絕對不是任何具有生命本質的事物的終止。相反地——除了柏拉圖和叔本華之外——對於另一個更貼切、更深刻、與此觀點在邏輯上幾乎是並行不悖的想法，卻認為幾乎不值得思考。此想法用相同的觀點看待個體的**誕生**：自我並非因為誕生才被創生，而是彷彿從深沉的睡眠中緩緩甦醒。然後，我所懷抱的我的希望和奮鬥、我的恐懼和憂慮，將與在我之前活過的成千上萬人所懷抱的**一樣**，而且我可以相信，即使在數千年後，仍然可以實現我在數千年前首度懷抱過的渴望。在我身上萌發的所有思想，沒有一個不是某個先人的延續，而且事實上並非年輕的新生胚胎，而是在古老神聖的生命之樹上預定要進一步開展的嫩芽。

我很清楚，大多數我的讀者——儘管知曉叔本華和奧義書——雖然可能接受把這裡所說的當作是一個令人愉悅且適當的隱喻，但相反地，就完全**字面上**的理解而言，他們不會同意「所有的意識本質上都是**一體的**」這個語句有效。考量如下數值事實，通常父母兩個人會生育出許多孩子，而且在生育之後他們兩人自己繼續生存，人們甚至會對先人傳承中意識同一性的命題也抱持保留態度。還有，對於所有特殊經驗在孩子身上已然完全抹消總是看得過於激進，也使人們無法為連續性論斷做合理性辯解。我承認，先人傳承中涉及的這種邏輯—數理上的矛盾對我來說正好讓人有種心安，因為就我而言，存在同一性的斷言在那裡甚至能自然科學地證明，而且那個矛盾因此在整個吠檀多學派論點下消解。無論如何，算術數理在這些事物上的適用性是顯得非常可疑。至於有關記憶徹底消抹的問題（對有些人來說，在他們的心中，這肯定是對這個生理不朽替代論最不堪的嘲弄！），無論如何，我們可以暫時完全忽略所有形上學觀點來思索一下，尖筆持續不斷的重複折返，是多麼合適於在可壓塑的臘板上塑形，藉以形塑出——如叔本華所認為，即使原本沒有想要形塑——卻總是已形塑成的。

七　關於非多數的其他方面

如果把生長於淡水中的水螅切分為二，即使切得非常不對稱，以致一部分得到所有的觸手，另一個部分全沒有，那麼**兩部分**的雛型都還是會發育成完整的水螅，只是略小一些；這樣的戲法也可以經常反覆操作（*Verworn, Allgemeine Physiologie*, 1. Kap., Jena, Fischer 1915）。對於這一層次的生物體而言，這絕不是獨特案例。澤蒙報導渦蟲和其他類似生物也有相同之處（*Mneme*, 2. Aufl. S.151），他對此特別感興趣，因為他並非無理地認為這種缺失部分的再生，可以視為是十分類似於高階記憶中的聯結複製功能。如同澤蒙總的說來也認為，從胚胎階段開始，高等動物和植物的整個發育過程之規律進程的再現，與熟背一首詩歌的記憶性重現是等同的，而且這不是隱喻的說法，而是在真實意義上，必須將這兩種現象歸入他所謂「記憶」（mnemische）的上位概念之下。因為人們大概會自己從澤蒙的書（主要著作《記憶》〔*Mneme*〕以及《記憶知覺》〔*Mnemische Empfindungen*〕）查閱整個見解與其理據，所以我在此只想提及，這見解似乎對澤蒙的專家同儕沒什麼吸引力，但獲得福雷爾（A. Forel）最熱情的讚揚。福雷爾作為精神病學家和動物學家同樣都很出色，是為數不多、有資格評判上述類比適切性的專家之一。

我在此引入這個切分水螅實驗的原因如下。我希望讀者把自己當成水螅來想像一下。無論牠是多麼遲鈍和未進化的生物，我們不得不把**某種意識**賦予我們在早期生命階段上的這個遠親。這種意識本身將在兩個切分區段中的任一個呈顯為先前存在的意識之**不可分割**的延續。這雖然無法在邏輯上證明，但我們可以**感覺**到，任何其他的想像都不是合理的。意識的分裂、多元增生是毫無意義的。在呈顯的世界中，沒有任何一種框架可以讓意識以多數的形式存在於其中；那是我們根據個體的時—空多元性所建構的，但這個建構是錯誤的。由於這個建構，在理論上既無法放棄對柏克萊（George Berkeley）唯心論的無條件接受，而後者又對理解真實世界完全無用，以致所有的哲學在其間總是一再落入無望的衝突。這個分裂的唯一解決辦法，就大體上我們可接受的而言，在於奧義書的古老智慧中。

如果意識不是形上學的**單數名詞**，那麼事實上幾乎無法理解，為什麼不更應在人類的意識領域呈現為多數，因為我們將身體或僅僅我們的神經系統指稱為**個別的個體**，正是相當有問題的。我們的身體形成一個由細胞或器官組成的國家，其中也有一些成員具有相對較高的獨立性，例如血球細胞體、精子或——在另一種意義上獨立的——個別的脊髓神經節。觀察一下其他生物體的世界就會發現，若以組成國家的各單位的獨立程度來考慮，在獨立性漸增的次序上，所有可以想像的中間型態都存在。在那裡我們發現高等動物和植物都表現完整的成員間共同成長，然而有以下差別：依照進行分工的類型，在動物體內若**分離**出一個較大的部分，必然導致一個部分的死亡，且在許多情況下也造成另一個部分的死亡；相反地，在適當的條件下，植物體內**兩個**部分都能延續它們的生命。而在如此比較的序列最後，我們發現，動物國家是由空間上未成長在一起的單元個體所組成的，其成員具有相對極高的獨立性，例如螞蟻、翅目昆蟲、蜜蜂、人的國度。如已經說過的，在這兩個極端之間，該系列有許多中間成員，但讀者如果僅僅從隱喻或類比的意義上來理解所有這些情況下使用的「國家」這個詞，就完全錯失它的意義。因為如果**真的**與（生物學上的）國家機構脫離而靠自己單獨存在，即使是一個人或一隻螞蟻也會死亡，而這與高等動物的個別細胞或器官若跟有機體的機構分離就會死亡的原因完全相同：因為分工的發展已經十分進階，而且分離的部分與其他組織沒有接觸，不再處於其生存所必需的環境條件下。如器官**移植**技術的事實所證明，若能提供這些環境條件，即使是已分離的器官仍能繼續存活。

作為系列中間環節的例子，可參考上面所提到的「可切分」的生物水螅和渦蟲，然後是以分裂——形成菌落——作為常態繁殖方式的許多低等生物。費爾逢（Verworn）曾提出一個特別有趣的例子。那是管水母類動物，腔腸動物門的一個類別。這些生物體由許多已相對高度分化的器官組成，其中一些發育成負責運動，一些專司進食，一些用於繁殖，其他的用於保護整個身體。但這些器官仍是如此高度獨立的個體，使得它們的個別器官，例如泳鐘，在某些情況下可從主幹分離出來，且成為水母而獨立存在。

這個對生物王國的比較考察教導我們，就物質身體而言，我們究竟是什麼：

一種只在很特定的條件下具有統一性、可分離性與不可分割性的細胞機構。如果我試圖堅持目前的主流觀點，將我經驗中我最確定的我的自我歸因於軀體個人的那個表面的、相對的統一性，我會發現自己將面臨許多捉摸不透的叢生問題，而且這些問題明顯帶有偽問題的痕跡。為什麼在階層體制的等級序列中，正好出現在這個**中間階段**：細胞、器官、人體、人類國家——我想問，為什麼統一的自我意識恰恰歸於我的軀體？相反地，在細胞、器官的階層還沒有，而到了人類國家的階層就不再擁有它？或者，如果不是這樣，我的「我」是如何由我的腦細胞的各個個體「我」組成的？同樣地，從我和我的同胞的意識，是否能組成一個更高階層、它同樣能直接意識到自己是國家或者人類的統一體？一些著名的思想家感受到了這類想像的吸引。我只舉費希納（Theodor Fechner）為例。只要我們一直將「我」的統一性看成是基於身體的統一性，且當我們看出後者的相對性和問題，這樣的想像幾乎是不可避免的。然而，一旦我們將導致自我假設的直接體驗之統一性的根源轉變，整個移置到形上學的統一性，也就是「絕對只發生一次的存在」的那個意識，這些問題就會消失。**數字**、**整體**和**部分**等一類的範疇在此壓根完全不適用。對這件事最適用的、最充分的、儘管無疑地帶有些許神祕的表達方式其實是：個別成員的自我意識在數值上既同一於彼此，也同一於他們一起組成的更高階整體的自我意識，每個成員在某種意義上都有資格說「**朕即國家**」（l'état, c'est moi.）。*

我們若要克服對這個想法的抗拒，最好的方法是不斷提醒自己，此想法真的是根據直接經驗，因為實際上我們從來沒有在任何地方經驗過多元意識，而是總是、到處都只經驗到單數的意識。這是唯一一個完全確定的知識，我們可以在完全沒有充分的形上學假設的情況下獲得確認。柏克萊的唯心論可以與它並存而成立，而且與它是一致、沒有矛盾的。我們只能透過觀察大量在結構上與我自己的身體完全相同的身體才能超越柏克萊的唯心論。這些身體與其環境、彼此之間以及與我的身體之間有著相同的物質相互作用，就像後者與其環境以及與它們之間的相互作用一樣；另外還有透過與這些觀察連繫的知覺如何發生的假設，即當這些事件影響自己的身體時，與同類的物理事件相連結的也可能是同樣的知覺。「還有另一個像你一樣的人坐在那邊，也在此事件中思考和感受它。」現在一切都取決於我們如何繼續推衍：「在那邊的也是我，那就是我自己」，或者「在那邊有一個與你的自我一樣的自我，那是第二個自我」。正是由於這個「一個」，這個讓「我」降級成普通名詞的不定冠詞，區別了這兩種立場。只因這個「一個」，使得與唯心論的矛盾無法修復，使得世界充滿幽靈，使得我們無可挽回地擁抱泛靈論。

然而對於我的意識來說，如我的朋友A告訴我他此刻所感受、感知或思考的，都**不是**直接的內容。可是，我也同樣沒有直接意識到我自己在一小時前、一年前所感受、感知或想到的。我頂多只能找到某些多少有點清晰的痕跡，那和來自A關於**他的**感受的訊息在我身上所產生的，幾乎沒有任何本質上的區別。此外，下面的情況也可能發生——如在規律性交替地研習處理兩個不同的思想領域時——在同一個思維中，可以形成彼此間幾乎沒有聯繫的長串推理序列。如此，聯繫的建立（這常常導致重要的新知識）與兩個不同個體之間活生生的思想交流

---

* 譯注：法國國王路易十四的名言。

非常相似。反之，若兩個人之間有密切的思想合作，將可在難以置信的程度上，使他們的意識領域融合成一個也是經驗性的統一體。

為了反駁個體意識的同一性，人們或許會想到以下設想相當粗略的思想實驗。我收集二十個不同的算術例題，每個例題都很難，以致聰明的學生解題也需要超過一個小時。然後，我把二十個聰明的學生放在教室裡，讓他們每個人在大約十點到十一點之間求解一個例題。十點時，他們都還不知道自己的題目是什麼，到了十一點全部二十題都解完了。**單一個**意識不可能有這種效能，這證實了意識在數量上的多數性。

與此相反地我們必須指出，這「二十個意識行為」無論如何當然**不能**加在一起，或是合計成為「二十倍效能」，就像發電機的效能一樣。它們事實上不能被「串聯」，而且——假設他們每個人的能力完全相同——即使他們聯合，也無法有更高的效能，無法解出比他們之中任何一個人獨立時能解的更難的題目；無論如何都不可能，若沒有經由討論、商量、研究，使他們的能力延伸發展，但這對於每一個個別成員顯然也成立。如此的話，另一方面來說，每一個個別成員都有能力解決所有二十題，只是需要較長的時間。

同樣地也不能說，在**一場**戰鬥中失去兒子的二十個或一千個母親的痛苦，是單一個母親因此遭受痛苦的二十倍或一千倍。或者說，當二十個或兩千個小夥子和他們的女孩睡覺時，所享受的快樂比**單一**個體發生的大二十倍或一千倍。然而，有些會被提升、或說是加成效果的意識事件確實是如此，例如一位母親看到她的**兩個**兒子陣亡等等所遭受的痛苦。

最後，如果我們回顧一下我們前面說明的馬赫、阿維納留斯和舒普的見解，我們就會發現，他們的想法多麼地接近奧義書的正統教義，以致好像只有在不明確承認時，我們才能接受這樣的事。只要兩者都是由相同的原始元素組成，那麼外部世界和意識就是同一回事。但是，無論我們是否將所有個體中這些元素的本質上**共同點**表達出來，這在事實上幾乎無異於就是在說，只有**一個**外部世界存在，或者，只有**一個**意識存在。

八　意識、有機的、無機的、記憶

無論我們採取哪一種哲學立場，有一個幾乎無可置疑的經驗事實是，較高階的精神生活形式的出現，是與高度發展的大腦的功能息息相關的。因此，我們根據我們的感覺和知覺構建的、以及我們為了方便總是想成有如它自身或為其自身存在的那個世界，並非單單由於它在於眼前的存在就真實呈顯，而是除此之外還需要在此世界中很特殊的部分發生很特殊的過程，也就是表現大腦功能的事件。這是一個非常不尋常的條件事態，有鑑於此，即使只是這麼試探性地，人們也不禁要問，大腦中的事件到底有什麼特殊性質，以致唯獨它們導致這個呈顯；是否至少能推測性地說明，**哪些**物質事件具有這種能力，哪些沒有？或者，可以更簡單、也不易讓人誤解地說：哪些物質事件與意識直接相關？

對於當今抱持理性的自然科學觀點的思想家來說，這個問題很明顯有個相當明快的解決之道：根據我們自己的經驗和關於高等動物的類比推論，意識只與有組織的生命物質中某種類型的事件連結，也就是與某些神經功能相關。至於在動物序列中，向下多少還可以假設有一種意識，以及該意識在其早期階段具有什麼樣的特質，在此問題上尋求較明確的想法是一個既無解又多餘的任務，我們應該把它留給閑散沒事可做的夢想家。更閑散、更虛幻的是：去思考，是否還有其他事件，或許甚至像是無機事件，或者甚至是所有與某種意識聯繫在一起的事件，關於這一類的想法是無論誰都可以就自己喜好而假定的純粹幻想。然而可以確定的是，這種幻想沒有任何認知價值。

我們無法否認他們上述這種看法的合理性，我只是不相信滿足於此的人能真的完全明白，這種見解為我們的世界圖像帶來的缺口是如此**巨大**而無法填補，否則他們不可能如此**輕率地**對這樣的想法感到滿意——即使相對於無機的過程，有機、有生命的事件或許是較具普遍性的（下面將更詳細說明），然而在有機過程中，神經物質和大腦的出現仍是非常特殊的不尋常事件，而且是對我們來說，其意義和重要性相當清楚的事件。在完全忽略大腦機制也以如此特殊的方式與感覺聯繫在一起的事實的情況下，我們仍然可以清楚說明大腦機制在空間—時間的自然過程中扮演的角色。因為，毫無疑問地，它不外乎就是經生存競爭——透過自然淘汰或其他方式——所形成的一種完全特殊形式的適應機制，它的效果是，使其載體應對變化的環境，總是以對它自己、因此對守護它的物種有利的方式做出反應。毫無疑問，它是所有此類機制中最複雜和最巧妙的，而且在它所在之處，它通常具有一個重要的意義、一個真正對整個身體具有支配性的地位。但它是某種特殊的機制，不是它那一類別中的唯一機制，有很多生物物種並不擁有它。

現在，相對地，我們可以設想**意識**是使這個世界首先呈顯出來的那個東西，我們的確可以放心地說，它就是首先使世界存在於眼前的那個意識，而我們可以設想世界是由意識的元素所**組成**，它就是我們**在其中**將大腦的出現看作一種極為特殊現象的這個世界。這個特殊現象出現了，但也完全可以不發生，而這個現象無論如何都不減損其獨一無二的特殊性。如此，我們現在就應該要相信，在高等哺乳動物的演化過程中必然發生過這種很特殊的轉變，使世界得以透過意識的知覺而自覺。而假使這未曾發生，那麼世界就是在空板凳前、不**為**任何人存在的一場演出，也因此在完全真實的意義上有如**未曾**存在過！如果這真的是我們在這個問題上所能達到的最終的智慧，那麼在我看來，這是一個世界圖像的徹底瓦解。我們至少應該承認這一點，而不是表現得好像這對我們無關緊要，或甚至以理智之名嘲笑那些試圖找出路的人——這才是最令人最絕望的。

圍繞在這整個事情上，遠遠較為宏大且由較為清楚的見解所引導的立場，是斯賓諾莎或費希納的思想。對於斯賓諾莎來說，人體是一種「（上帝的）無限實體由延展屬性所表現出的樣態」，而人類的精神也是**同樣的**樣態，但由思想的屬性表現出來。但是，既然在他看來，每個物質性的東西都是上帝的一個這種樣態，而且以兩種屬性表現出來，那麼若轉譯成我們的語言，它的含義無非是說，一切物質過程都對應著什麼，如同身體的生命過程之於我們的意識。在思想活潑的費希納的想像中，被賦予靈魂的，不僅包括植物，還有作為世界體的地球和星辰。我不贊同這些想像，但對於費希納或已破產的現代理性觀點，我也寧可不必在兩者之間判斷何者較接近最深刻的真理。

在下一章，我將再做一些也許有助於在這問題上邁出一小步的說明。在這裡，如之前所承諾的，我想先對有機－無機的關係補充一個簡短說明。

首先是以下這個純粹是事實的想法：所謂無機的——在定義上，這就是物理和化學的研究對象——是一種抽象，除非有特殊的機制安排，否則我們幾乎不會在任何一個地方遇見它們，無論如何只是在極少情況下才真的會遇見。如果我們考察我們的地球環境，會發現它幾乎完全由植物和動物的活體或屍體組成。即便考慮地殼，對它的很大一部分來說，這是肯定的。因此，對於一般看法中認為所有東西在本質上都是無機物，有機物只是無機物的一種特殊變異，人們自然會不得不感到懷疑，這種常見的觀點是否仍然適用，它是否恰恰與實際的情況相反。「但我們的確知道生物體是什麼，我們知道它們的生存條件，而且我們可以從中得出結論，對於宇宙中大多數的物體而言，實際情況恰恰與此相反。」沒錯，儘管我們的確認識**我們的**生物世界，我們知道**它的**生命物質是由數量相對較少的基礎元素以一種非常特殊的方式組成。但是，根據這些非常特殊和相對恆定的環境條件來解釋這個事實，並假設其他環境條件會產生有機事件的其他種形式，這樣難道不是更自然嗎？

那麼問題就出現了：「有機」是什麼意思——也就是以一般想像的較廣泛的意義來說，我們當然不能簡單地用「蛋白質」或「原生質」這種答案來回答。如果進一步檢視更具普遍性的概念，我們會想到**代謝物質交換**。如此，我們會發現叔本華的區分非常適用。根據他的區分，無機物指的是「本質的和不變的元素，亦即它的同一性和完整性的基礎，即材料，也就是**物質**，而相對地，非本質和可變的元素是形式。對於有機物而言正好相反：因為它的生命正好是在維持形式不變下透過不斷的**物質**交換而存在，亦即所謂它作為一個有機物的此在」。

現在，當然，這完全取決於觀察者，看他認為對於一件事什麼是本質的，什麼是非本質的。就事物自身而言，一切都是同樣本質的。如此的話，「有機的」或「無機的」似乎就變成一個不屬於對象的性質，而是屬於我們觀點或我們注意力關注所在的性質。而事實也正是如此。如果我們追蹤一個原子的路徑，那麼無論此路徑是否讓原子穿過一個活的有機體，都沒有差別。我們將只考慮過程中的物理交互作用，而且相信原則上物理學足以回答在過程中所有可能出現的問題——然而，對此我們立刻就會發現有些蹊蹺。亦即，例如，我們應該可以合理地把介質中狀態變化的傳播理解成最粗糙、最低階的有機形式。例如在火山爆發中，或另一方面，在河流的世紀變遷中，或冰川，或火焰。儘管這些事實與當前主流語言習慣有矛盾，但是認為有機和無機之間的**根本**對比不在於物體的構成、而在於觀察者的態度，這樣的想法在我看來非常值得考慮。這樣的想法消除了總是不斷出現又不得不面對的疑問，即「如此完全不同」的有機存在是否可以「逐漸」從無機物中出現？事實上——考慮到對象有完全的連續性——此轉化**絕不會**是漸進的；因為，即使對象結構的特性對此改變帶來逐漸增強的驅力，**態度**也只能是突然地改變。我**可以**把它們在改變其形式時不變的物質當成我觀察的對象，**也可以**把物質變化時不變的形式當成觀察對象，但不能同時恰當地關注兩者。這如同我可以用拉格朗日（Joseph-Louis Lagrange）的形式或歐拉（Leonhard Euler）的架構來表達流體力學方程式，這兩種形式具有完全相同的內容，卻不能逐漸地從一種轉換到另一種，而只能經由單一次不連續的變數代換步驟來完成轉換。

當然，這樣的想法不會阻礙我們，相反地，它更促使我們去思索、尋找賦予特殊有機物質在嚴格意義上的特徵印記的那個機制。那是澤蒙稱之為**記憶**的一種性質，它的特性在於，它是一種經由某種綜合刺激一次或多次地觸發的一種特定的反應，因此而變成一種「熟練」，以致此後在類似的情況下，只要一**部分**且經常是原初綜合刺激的極小部分，便足以達成相同的結果。這個過程的機制目前仍然是完全未知的。不只如此，即使在最一般的意義上，至今仍然沒有任何力學模型可描述此過程，例如像以波茲曼的腳踏車*說明電磁過程那樣。然而，單就可刺激性的性質**而言，至少在上述的意義上，我們在物理繼電器中倒是確實有一個非常貼切的範例。當然，儘管這對於我們知識的進步很重要，但還沒有人認真考慮過為記憶建構這種模型的可行性。***

* 譯注：奧地利物理學家普瑞布蘭（Karl Przibram）師從波茲曼、埃克斯納，曾為講述波茲曼的書籍繪製過許多插圖，例如以「波茲曼騎腳踏車」的日常生活範例來闡明力學原理（參見 W. L. Reiter, "Karl Przibram: Radioactivity, Crystals, and Colors"）。薛丁格師從哈森諾爾、埃克斯納，與普瑞布蘭同樣是出身於以波茲曼為心的維也納學圈物理學家，他們在闡述物理時有類似的風格，最容易辨識的就是以波茲曼的日常來舉例，在不經意處向崇高的精神導師致敬。

** 對一種刺激的反應——與一般的物理性反應不同——其獨特之處在於，在原因與效果之間沒有簡單的度量關係；其獨特之處也在於所發生的效果無法簡單地從反應系統的外部結構來理解，而是必須與至少一個反應系統的、從外部無法辨認的內部結構有關聯。繼電器的過程也具有所有這些特徵。

*** 澤蒙對此提出倡議（*Mneme*, 2. Aufl. S. 385）：「我們當然同時需要從另一個面向，讓物理學家和化學家朝著同一個目標努力和研究，以釐清無機的領域中是否、以及在多大程度上有可能，辨識出某些對應記憶痕跡的形成與記憶再現的特徵。在這方面，直到目前我們都毫無所獲。」

九　關於成為有意識

現在，我們再回到上一章開頭提出的問題：哪些物質過程與意識直接相關？——但這回從內在經驗的更加可靠的基礎來看。既然我們先前試圖在一般的基礎上指出，把這種關聯看成是賦予大腦功能特殊地位的想法不太可能成立，然後我們不得不承認，將這種聯繫**延伸**到其他事件的嘗試也會不幸地在模糊如幻想般的猜測中失敗，那麼我們現在要提出一種正好與此相反的作法，這種作法同樣也能動搖那種企圖給予大腦功能特殊地位的信念，亦即以下想法：

並非所有的大腦活動過程都伴隨著意識。有些神經過程不只在先是向心、然後離心的流程整體模式上，也在它們扮演反應調節器的生物學意義上，與大腦的有意識過程完全相同，但卻仍然與意識**沒有**連結。首先它們不僅包括脊髓神經節的反射—調節過程，以及受它們控制的部分神經系統，此外還有相許多經由大腦、但不涉入意識的反射動作。

因此，在這裡我們有各種非常相似、發生在我們身體中的神經過程代表，其中有一些伴隨著意識，而另一些則沒有；這當中——這對我們的分析非常有價值——存在著各種階層的中間形式。這裡，藉由觀察和審慎思維來找出可供區別的特徵條件應該不會太困難！

在我看來，關鍵在於一個眾所周知的事實，即我們在意識上甚或行動上共同參與的任何一個現象過程，如果以完全相同的方式一遍又一遍地重複，**就會逐漸從意識領域消失**，大概只有當在新的重複中啟動該過程的情況（或後續過程所涉及的外在條件）略有不同時，它才會再次進入意識領域，因此，發生的反應也顯得略有不同，在這種情況下，進入意識的也不再是一個整體的過程，而主要是使新的過程與先前有所區別的那些變異和差別。

對於剛才說的，任何人都很容易從他自己的經驗中舉出數百個例子，我也許可以暫時省略舉例。如果我要給個例子的話，我就應該給一千個，以免讓所舉例子的意思顯得過於突顯。

為了理解在意識中逐漸隱沒這件事對於我們整個精神生活的重要性，我們只要想想經由重複練習而熟練——記憶——在其中所扮演的極其重要角色。在生物學上，單次的經驗是完全無關緊要的，只有在經常重複的情況下能發揮符合目的性的，才具有生物學價值。事實上，我們的環境也是如此構成，以致相同或相似的情況總是不斷地、通常是週期性地重複發生，每每使生物體的相同反應成為維護其生存所必要。當然，我們現在無法藉由這些觀察回到發展的最初，因為每個生物體就其自身而言，已被其環境刻畫上印記數百萬回。現在讓我們想想，有個有機生物體面臨一個新的生物學情境。它會以某種方式做出反應，並藉此**維持**自己的生存，無論如何不會被毀滅。如果刺激重複，同樣的過程就會重現，對此我們首先會認為，這個過程原則上會進入意識。然後，在重複過程中會有個新元素進入已經存在的意識（在阿維納留斯的經驗批判論著裡的古怪命名法中被稱之為「notal」）。但是，隨著頻繁的重複，此過程——正如我們的內在**經驗**所顯示的那樣——演練得越來越好，它變得越來越「無趣」，反應變得越來越可靠，但相應地也越來越不自覺。現在假設外部情境發生了**變化**。這個變化，或者更確切地說，它所引起的反應的差異闖進了意識。但同樣地，只有當它是新的時才是如此。漸漸地，它同樣也熟練了，就落到意識閾限以下。其中，差異不一定是只存在於一出現後就從此固定的情境與過程變化中，而情境可能且經常是一下這樣、一下子那樣地改變，同時總是引發相應的反應變化。這樣的分歧模式現象同樣地也會變成熟練：「在個別情境下決定眼前的是哪種情況，以及如何對它做出反應的決定」在足夠多的重複之後，「決定」最後仍是在無意識下做出的。如此，就有第二階變化差異緊接著在第一階之上，然後是第三階，依此類推。如此一直到無止盡。而能進入意識的，永遠只有那些生命體還視為「訓練中」的最新近差異。因此，我們可以用**比喻**來說，意識是監督生命體**培訓**的**指導員**，每當出現新問題時，他就會被召喚來協助，而在他知道學生已經有充分訓練的情況下，他會讓學生自己去處理所有問題。

此處是**比喻**的說法！我想給「**比喻**」畫上二十次重點線，甚至用覆蓋整個頁面的字體大小印出來。我們的萬物有靈論傳統總是太過於傾向採用一種觀點，即對應每一個新情境，**真的**就有一個意識自我、一個小惡魔被召喚出來，闡明情況並做出決定，然後據此採取行動。這種見解有著很可怕的前後矛盾，其實是一種非常幼稚的倒退。而我們所要宣稱的只是，這種新情境和由此產生的新反應伴隨著意識，而那些已經熟練的則不然。

剛剛所說的，如我們已討論提過的，可以用我們**現今的**意識領域數以千計的例子來證明。我們所有人都必須學習日常生活中數以百計的小動作，有些部分需要辛勤努力才能學會，而在這段時間裡，這些小動作在意識中非常突顯，我們還會為第一次的成功而歡呼雀躍。長大成人後，我們繫鞋帶、開電燈、晚上脫掉衣服等等，此時一點都不會干擾到我們同時在進行的思考。例如，在一位著名的學者家裡，他的妻子在社交晚會即將開始前敦促他去他的臥房、戴上新的立領，萬一，他摘下衣領後，結果卻機械式地脫掉衣服、躺到床上、關掉燈，這似乎很有可能會發生，不過這正只是因為我們可以設想完全沉浸於遙遠的思緒之中以及完全無意識的行動。或者另一個例子：假設我們多年來每天去的辦公室搬遷到了別處。現在我們必須在某個地方從我們習慣的路線上拐彎。那麼，我們容易會在這個地方出錯的次數會有多少、會持續到多久，以及我們在初期將多麼清楚地意識到「情境差異」從舊的習慣路線的機械式跟隨中突顯出來？

現在，我想，如果將我們精神生活的本體起源（Ontogenie）中這個非常熟悉的事態，應用來瞭解其種系的發生過程並不會特別輕率。如果我們這樣做，那麼關於無意識、反射性的神經節功能就能得到立即的解釋。所有這一類的功能都關涉內部反應的調節，例如腸道蠕動和心臟跳動，這些反應肯定長久以來早就不再聽命於差異，確定完全熟練了並因此已經退出了意識領域。呼吸的反應處於中間狀態，雖然它通常也以既有習慣且完全無意識的方式進行，但在特殊情況下（例如在有煙霧的空氣中），它仍然受到情境差異的影響，並以相應差別的和有意識關注的方式做出反應。

在這種見解中，神經節的功能可以說是一種固定和已僵化的大腦功能。

正如一般所知，有一種狀態，在其中，大腦像神經節一樣不再產生感覺，也就是人進入深度睡眠時。當然，睡眠顯然是大腦或者它某些部門的復元時期，這些部門某程度上是朝向外界在進行任務活動，它們在感官窗口開啟時必須隨時準備採取行動，不能休息。然而，我們從來也無法看出這種在感官暫時關閉後啟動的復元過程，為什麼不該對我們而言也跟意識現象有所聯繫。顯然，這是因為它早已完全熟練、成為不再能獲悉差異的內在過程。

到目前所說的，完全都只是指涉大腦或神經的過程。但我認為，我們現在可以放心地更向前邁進一步而不會有所矛盾。我知道，這一步最初會引起很大的猜疑；但唯有藉由它，才能讓我們在嘗試重新定義意識出現的條件時，得出一個至少暫時多少還令人滿意的結論。

整個本體起源不僅是大腦的起源、也包括整個身體的起源，是發生上千次的過程已銘刻在記憶上的重複過程的結果。這想法並不違反，到目前為止我們看作是神經過程的那種特徵，是一有機事件的特徵：也就是與意識相聯繫的，只要它是一種新的聯繫。如下的事實也與此不相衝突，也就是，正如每個人自己都知道的，本體發生以無意識的方式進行，最初在子宮中，然後也在之後的、大部分在睡眠中度過的幾年生命中進行。在此期間，小孩子在隨個案有差別的、但相對穩定不變的外部條件下，完成慣有的發展過程。

能被意識的，只有個別個體本體起源的獨特性。一旦一個生物體擁有器官，有機事件即伴隨著意識。而器官對應於特殊、不斷變化的環境條件，以不斷變化的、適應當下的方式發揮其功能，而且還以此方式接受環境影響、鍛鍊而轉變（如同先前的一切，這種轉變在幾個世代的時間裡同樣會固定下來，而且變成固定的種類）。我們這種高等脊椎動物在我們的大腦中擁有這樣的器官，而且基本上只在大腦中。因此，由於這個原因，我們的意識就似乎是與大腦中的過程是相聯繫的，因為大腦是我們適應不斷變化的環境條件的器官，它是我們體內參與物種演化的部位，它是——比喻地說——我們的主幹的生長端。

簡單地總結，這個我們所推測的法則，應該可以這樣地說：意識與有機物質的**學習**聯繫在一起的；有機的能力是無意識的。

更簡潔地，但也許難免有些晦澀、也容易被誤解的說法是：**被意識的是「即將變成為的」；而「存在著的」則是無意識的。**

十　關於倫理法則

老實說，對前面所闡述關於意識的假設，這個假設如果有可能的話，其細節的檢證應該是留給專家去做。而若非我察覺到它看來有助於拓展一個與生理學相距甚遠、但與我們人性密切相關的領域的理解，並藉此為這假設本身提供某程度的支持，我就不會那麼快地同意這個假設了。我的意思是，這為**倫理學**的自然科學解釋開啟了一種可能性。

在所有時代和所有民族中，**自我克制**都構成所有道德要求的基礎。這可以由如下的事實看出來，即道德**教義**總是以一種**要求**的、「汝當」（你應當）的表達形式出現，而且必須如此，那是因為我們視為道德上崇高、具有積極意義或明智的那種具體行為，那種出於非常不同的原因令我們讚賞、尊重或欽佩的行為，即使這類行為各有個別不同的原因，它們卻總是有一個共同點，即它們總是與原始欲望形成對立。

這個在「我想要」和「你應當」之間奇特的、貫穿我們一生的對立到底從何而來？總是要求每個人否認自己、壓抑他的原始衝動，簡單說就是應該**與他實際的樣子不同**，這顯然是非常荒謬和不自然的。事實上，如今——如果不是在公共教育中，也是在個人對道德研究採取的態度上——針對所有道德觀念最強大且最具破壞性的攻擊，正是以此為出發點（順便一提，我把試圖以任何一種形式的**實用主義**為道德做論證的也算在內）。

「我就是現在的樣子，如我所是。這是我個人的空間！是大自然賦予我的驅力的自由發展！自我控制、自我否定是無稽之談和教條騙術。上帝是自然，而大自然就是以如它所認可、如我所**應是**地如此造就了我，任何其他的應然都是一派胡言。」

這種或類似的說法到處都能聽到，在很多情況下，實際被奉行的準則就是這種或類似的內容。而人們不能不承認，它很像是個道理。這個準則看似以自然的、非強迫的自然概念為基礎，它既樸實又有說服力的殘酷是難以反駁的，人們若要以坦白說來難以理解的康德的道德律令來對抗它，是毫無招架之力的。

然而，那樣的自然科學的論證是——感謝上帝——不健全的。我相信，根據我們今天對生物體**形成**的洞察，十分地明白，我們的整個生命都**必須是**並且也**就是**與原始自我的持續鬥爭。關於「應然」我們將稍後討論。

我們所謂的自然的自我、我們帶有被植入本能的原始欲望，是我們先人**身體**遺產的意識關聯物，那是直到現在我們在系統發育上所**形成**的。但是**我們**——也就是總是自稱為「我們」的人——走在所有世代的最前線。我們發展我們自身。在我們生命中的每一天，我們身上都發生了一點我們的物種還在以全速進行的演化。事實上，即使極小，每一個個體的生命每一天都必須展現一點物種演化，即使微不足道，也必須在我們物種永遠未完成的雕像上鑿刻。因為它的整個巨觀演化是由無數個如此微不足道的鑿刻組成的。因此，在每一步，我們都必須改變、克服、摧毀我們迄今為止所具有的形式。我們原始欲望的阻力，在我看來，與既有形式對進行改造的鑿刀的對抗有物質性關聯。因為我們同時既是鑿刀又是形式，既是克服者又是被克服的對象——這是一種真正的、持續的**自我克服**。

但是，如果我們不把上述這些想法與上一章中所發展的關於意識與有機事件聯繫的觀點結合起來，那麼它們不過只是一種詩意的、對某些人有吸引力而對另一些人卻由於它們的模糊性令人反感的文字遊戲。因為，為何它正好就是反映在意識中的物種的演化過程，在乍看之下絕不是自明的。人們很可能認為，演化只是個伴隨的過程，因為極度緩慢，它在個人生命短暫時間中的影響頂多是次要的，而無論如何，它不會以任何顯著的生動意象進入意識。

但是，我們在前面或許做到的正好就是指明**這一點**：意識歸屬於那些尚未完工、尚未完全固著的有機過程。因此，在人的軀體中，意識完全歸屬於大腦過程，**因為**大腦（或其部分）是參與訓練的人體器官，可說是演化的先鋒；而且意識知覺歸屬於那些大腦過程，正因為它們**仍然**可以透過不斷變化的環境條件進行修改，唯一進入意識的，正好就是這些還被認知為處於訓練中的——為了在將來有朝一日轉變成已完成訓練、無意識的物種遺產。

意識是演化區的一種現象。這個世界只顯現在它發展自身、帶來新的形式的那個地方、那個時候。靜止的地方沒有意識的光芒，因此而僵化，頂多是經由與演化點的相互作用間接地顯現。

但在結合前面已經談過的之後，可以推知，**意識**和**與其自身的衝突**必然是密不可分地聯繫在一起的。就一般想法而言，這個結論聽來有點自相矛盾，但很容易藉由參考自古來所有民族和時代最明智的人的格言來驗證，也就是根據他們的一致看法來驗證，而他們個人的生命——就我們的回顧，只是一短暫的存在——代表對人類形態最有影響力的鑿刻，而且假如我們的想法正確，則那些個體因此承擔了遺傳形式抵抗改造的這場衝突、這場對抗中的最強撞擊。

為了讓我們可以特別清楚地看到，自我克制意味著克服因繼承而來的先人特徵，作為典型的例子，我會提醒讀者第六章所描述的文明人面對侮辱的反應，我建議讀者此處能再讀一遍那個段落。其中我們特別注意異常強烈意識的狀態——通常稱為亢奮——它伴隨著這個過程，並且顯然與內在衝突正在發生有關。一個人若是幸運，他的性情不會讓返祖的緊張狀態升高到使他面紅耳赤，他在這樣的場合就比較不會那麼亢奮——但是，如果是立即遵循先人的建議且毫不猶豫地付諸行動而直接把對手打倒，這樣的人也是相當冷靜。

然而，這個例子也是另一種面向的典型範例：在演化過程中，某種特定的「美德」，如何轉化為一種需要被擺脫的惡習。對於尚未在政治共同體中生活的原始人來說，他隨時準備為自己和完全依靠**他**保護的妻子和孩子而戰，這確實是一種了不起的美德，並且經過自然淘選獲得最高推崇。在荷馬的詩歌中，我們仍然可以聽到對這種美德的讚頌，而雙人決鬥代表的德行，保留了這個遺傳下來的價值判斷，直到難以置信的晚近時代。如今，我們稱之為古老美德之怒，它已成為一種惡習，如同我們先人的神祇變成了妖精和惡魔。

雖然在這一切之後我們可能能夠瞭解，我們的整個意識生命實際上**是**一個與我們早期的自我的演化鬥爭、一個我們與之不斷發生的衝突。但我們仍然缺乏一個解釋來說明為何它**應該**就是如此，以作為倫理**價值**判斷的基礎，也就是「你應該」的倫理**要求**基礎。因為，我們當然不是要鼓勵如下這種幼稚的觀點，也就是把朝向更高目標演化的思想看成是有意識的內在原因，或是道德要求的動機。當然，也許這想法可以暫時性地成立，就像對擬人化神格的信仰被暫時當作道德動機一樣。但是，正如康德所強調的，道德要求是實際存在那裡的，是一個**事**

實——我們必須理解的是這個事實，而不是經驗上在最廣泛的範圍內可變的、用來支持這些要求的這個或那個動機。

在我看來，對此而言，生物學的關鍵在於以下觀察。如完全類似於上面提出的特殊例子所表明，原初對物種有維護作用的特質，可能在後來的演化過程中被發現有害；同樣地，一般而言**自私的態度**對單獨生活的動物是一種維護物種的美德，但相反地，對於和其他動物一起生活在社群中的動物則是危害物種的。因此，種系發生學上那些歷史悠久的城邦建構者，如螞蟻和蜜蜂，早已擺脫了自私主義。在這方面明顯年輕許多的人類才剛剛開始這樣做，**這種轉變在我們這裡也正在進行中**。根據自然定律的必要性，這個轉變必須發生，因為，邁向城邦建設的動物若不放棄利己主義，終將毀滅；因此，最終只有那些實現這種轉變的城邦建設者才能存活。當然，我們**不會**因此推論我們就**應該**忍受這個轉變，因為我們的物種不**一定**要繼續生存下去，而這對於個人**可以是**而且經常**是**無所謂的。不過，我看到的**事實**剛好相反：現今每一個性格正常的人，都把無私作為毋庸懷疑的**理論**價值判準、作為行動的理想準繩——即使在他自己的行為上，他或許仍與此準繩相距甚遠——因此，在這個非常奇特的、而且正好與人們的實際行為形成對比而顯然難以理解的事實中，我看到了一個跡象，表明我們正處於從自我主義到利他主義態度的一個生物學轉變的開始。

因此在我看來，這像是倫理價值判斷的**生物學**作用，這是人類轉變為社會動物的第一步。

但讓我再說一遍：我在這裡要解釋的不是道德行為的驅動力，要闡述的不是一個新的「道德基礎」，我們知道叔本華已經做到了這一點，而且如他所說的，在這個面向上，短時間內幾乎不可能有什麼重要的東西可以補充了。

何謂真實？

（一九六〇）

一　放棄思維與存有或精神與物質二元論的理由

也許由於歷史因素——語言和教育——在今天一般人的自然想法中，對精神與物質（英文：mind and matter）之間的關係持二元論的看法是再合理不過的。人們會不假思索地認為，我們首先透過我們的意志驅動自我生命的某個部分，然後藉由它們移動其他物質性的東西，再者，與我們身體接觸的物質性東西透過神經傳導產生觸覺；與此同樣地，抵達耳朵的空氣振動引起聲音的感覺，而照射到眼睛的光導致視覺的感覺，且同樣或很類似的情況，可以推論至嗅覺、味覺和溫度的感覺。但是，如果更仔細考慮，我們應該不至於會接受兩個完全不同領域的事物能有交互作用，如果它們真的是不同領域的話。因為這樣**一方面**（亦即物質的因果律決定於心靈，英文：mind）必然會違反一般設想的物質過程的固有規律特性，**另一方面**（亦即物體或其等價物，例如光，對心靈的因果性影響）對我們來說則是非理智所能理解的。簡而言之，我們根本無法釐清物質過程如何轉換為感覺或思想，縱使杜．波依斯—雷蒙德在這方面已提出了研究，許多教科書仍然無視於此，還在這個問題上胡謅。

除非放棄二元論的思考模式，否則很難避免這些缺點。經常有人倡議放棄這種思考模式，但奇怪的是，通常卻是出於唯物論的原因。也許偉大的德謨克利特（Demokrit）非常天真的想法算是第一次這樣的嘗試，即靈魂也由原子組成，不過是特別精細、光滑、渾圓、因此容易移動的原子。（這並非完全沒有負面影響，正如一九〇〇年才在蓋倫〔Galen〕的著作中發現、著名的迪爾斯殘編〔Diels〕一二五所示。）在此思路上，伊比鳩魯和盧克萊修（Lukrez）進一步提出了對這些「觀點」的精緻「改善」。功勞主要歸因於前者的貢獻。坦白說，這本來是為了解釋人類和動物的意志自由，而且在晚近時代出現了就此點而言頗值得注意的類似想法。另一種也幾乎無法令人苟同的嘗試，是海克爾（Häckel）及其學派的一元論，他們的作法反而為他們在科學上的貢獻蒙上了陰影。斯賓諾莎將延展和思想這**兩個**我們所知道的屬性，統一在**一種**他稱之為上帝的實體中，因為明確地排除了交互作用，至少避免了最嚴重的矛盾。然而，儘管我們對這位極為可親、完全正直又無私的思想家推崇備至，他的解決方案對我們而言畢竟是更為形式化的。在《心靈分析》（*The Analysis of Mind*）中，羅素提出一個很有希望的理論，他認為靈魂狀態與身體是由相同的元素組成的，只是組合的方式不同。我們下面要討論的內容多是接近羅素的想法的。但在我看來，羅素很快就迴避若如此做就得面對必須徹底放棄真實外部世界的概念，但這在日常思維中又顯得太過突兀。真實外部世界這個概念其實很快就又重新出現在他的想法裡。這可能是為了避免不得不將個人經驗中不同領域的廣泛重疊視為奇蹟，然而，它實際上就是奇蹟，而且永遠都是。

上述這些嘗試幾乎沒什麼幫助。如果我們決定只有**一個**領域是具決定性作用的，它就必須是精神的領域。因為精神無論如何都是存在的，思考—存在（cogitat-est）本身就是指涉精神的。兩個領域之間存在交互作用的想法總帶著某種神奇的、幽靈般的色彩，或者更確切地說，這個假設本身已使它們兩者結合成一個單一的領域。

根據上面提到的羅素的重要理論（*The Analysis of Mind*, Lecture V, 4. Aufl. 1933），他認為物質和心理由相同的元素組成，只是組合方式不同，然而元素本身既不是心理，也不是物質。令人十分驚訝地，這位偉大的思想家在一九四八年（*Human Knowledge, its Scope and Limits*, Part VI, Chapter VI, p. 480）卻再度回歸這樣的思想流派，這個流派用隱晦的譏諷告訴我們，總是有一類思想家**聲稱**他們懷疑外部世界的現實存在；羅素幾乎是帶著那種稱為「愛爾蘭鬼扯」（Irish bull）*的諷刺意味補充說，在他看來，這種立場雖然無法反駁，但即使是那些擁護它的人也無法真正採納。（我認為，這兩個陳述彼此間如此相互矛盾，以致甚至不可能**假想**它們可能同時都正確。）另外，他在此不僅談及唯我論（Solipsismus）和萊布尼茲單子論（Leibniz'sche Monadologie），但兩者不過是引用作為例子，也許只是想透過這兩種最脆弱的一元論（或準一元論）的觀念論的印象來強化這位無與倫比的演說家總是不可抗拒的說服力。

在我看來，較諸僅是固執地否定一個我們在實際生活中不可或缺的想法（也就是方才談到的關於真實外部世界存在的想法），將整個真實世界化約為心靈體驗的願望是更根深柢固的。這個外部世界的**想法**本身就是一種心智結構，且不容絲毫質疑。這我們單只要**首先**檢驗一下這個論點即能明白，即在它之外或與它並存的，必須還有一對象存在，此對象即為此想法所思想的、且／或導致此想法的對象。在我看來，這究竟是一個完全多餘的重複，違反了奧坎剃刀（Occams Rasierklinge）的原則**。此外，我們不知道在這種情況下「存在」應該意味著什麼，它成為對此想法本身根本不需要的一個概念，因為即使是以極為複雜的方式，此想法全然建立於已給定的事實。最後，在前述所謂的「存在」的東西和完全由既有事實構成的思想世界之間若有任何因果關係，都將是一種全新且非常需要解釋的事物，它與在思想世界中的因果律暫且完全無關。此外，如我們從柏克萊以來所知道的，以及在休謨（David Hume）以來更明白的那樣，這裡的因果律不太容易直接觀察，而且問題比起休謨的追隨者、甚至包括偉大的康德所認知的

* 譯注：即可笑、不一致或邏輯謬誤的陳述，原僅有「bull」（鬼扯），「Irish」（愛爾蘭）是後來才加上去的，最遲在十七世紀初便已出現。

** 譯注：即「如無必要，勿增實體」。

更為嚴重。

這是**第一點**。**第二點**，也同樣重要的是：我們正在討論、前面已說過我們不會否認的這個想法，概念上已包含了我自己的身體，儘管在描述它時習慣上會引入「外部」這個小字詞。順道一提，從這一點我們看到，將一個人的想法和思維定位在頭腦中是不可取的，因為如此，除了其他許多東西，人們也讓整個外部世界包含於世界自身的一個部分中，這當然是不合適的，即使僅僅只存在一個這樣的頭腦。現在考慮以下非常普遍的情境，為了清晰起見，我用一個具體案例來介紹這個情境。我坐在公園的長凳上，全神貫注於我的思考。突然有人來到我面前，抓住我膝蓋上方的左大腿而且用力捏它，雖然不至於會痛，但很不舒服。我抬頭看，是不是我的某個朋友用開玩笑的方式來跟我打招呼，卻發現是一個其貌不揚的未成年搗蛋鬼。我考慮了一會兒，是否該賞他一記耳光，但我決定不這樣做，而是揪住男孩的衣領，把他帶到正好出現在公園小路路口的員警面前。

現在我們大多數人都認為，我們可以在外部世界的表象中追尋這整個過程中的因果關係，如果這個思維表象足夠完善，就可以理解它，也就是說，能夠追溯其中確立的普遍法則，而完全無須涉及我在整個小場景中的感覺和思想。我們**不**認為一個外部世界中的身體，也就是那個搗蛋的小鬼，在我的心靈中經由神經傳導引起一種被掐捏的感覺，然後上面說的心靈在從外部世界接收到進一步訊息和短暫考慮之後，揪住那個外部世界中的身體，而且把他拖到剛好在路口的員警面前。人們不一定會同意這種想法，而將我們最先提到、完全存在於對外部世界想法中的所謂自然解釋當成一種偏見；但即使人們不同意它，也必須承認它是一個具有啟發性的合理假設。許多人認為這是最簡單的，也因此，再次引用奧坎剃刀，它是不可避免的假設，因為無論是與感覺有關，還是與自主運動有關，對心靈與身體之間的交互作用，我們都是完全一無所知。但若是如此，就有將心理體驗系列化約為僅僅是物質過程伴隨現象的危險，後者的發生在有或沒有心理體驗的情況下都會同樣地發生，因為物質過程自給自足，不需要心理監察者。亦即把對我們而言重要和有趣的東西變成一種多餘的附屬物的危險，沒有它也無所謂，以致人們不知道它在那裡到底有何作用。我認為，當人們忘記我們正在談論的因果律設定於外部世界的**想法**中，如果堅持將因果律定位在一個「存在的」、自給自足、不依賴於我們心理經驗的外部世界中，那麼這種危險就會產生。在我看來，我們來到一個相當矛盾的結論：若不想讓我們自己陷入明顯的胡言亂語，我們要能夠以自然方式（也就是完全像無生命物體發生的過程般）來看待有生命的、能感覺的、能思考的存在物身體中的過程——沒有引導的精靈、不違反熵定律、沒有理想狀態、不帶有活力或相類的沒用雜物——我認為，此**想法**的條件是，我們將**一切**事物的發生視為發生在我們的**世界表象**（Welt-vorstellung）*中，而不為該世界表象另外預設一個物質基礎作為**該世界表象的所表之對象**，如同以下探討也將表明，後者（預設的物質基礎）是完全多餘的。

* 譯注：Vorstellung 依台灣通譯為「表象」，但「表象」譯法對不熟悉哲學文獻的一般讀者可能容易產生誤解。德文 Vorstellung 日常的意思為想法、觀念，但原是十分複雜且有長遠歷史的哲學概念。對本書的脈絡則約指意識的內容，而所要強調的，簡單地說是指外界事物在我們思維裡的「代表」。英文是 representation（Lat. repraesentatio）。例如一個桌子的表象是外界實物桌子在我們思維裡的代表。人類思維連結組織，整理這些「代表」（表象）進行思考。我們可做一簡單思想實驗來理解這種表象思維的特徵：設若上帝也進行思考，那麼祂並不需要使用實物的代表，而能直接以實際的事物進行連結組織。就某一意義而言，上帝「心想事成」，如創世記首章：神說，要有光，就有了光。而人的思考因其有限性則可以或經常總是「不切實際」。英文 representation 的詞義能清楚顯示事物被重現（represented）在思維裡的涵義。德文字 Vorstellung 則來自動詞 vorstellen，是「置放於眼前」的意思。Vorstellung 強調事物的「可被代表性」。由於人的思維僅僅是使用這些「代表」，因此被代表的事物本身是否存在或如何被代表便經常成為爭議的核心。此類似政治領域裡的代議制度，進入議場的只能是少數的民意代表，而非全體的民眾。特別正是在政治領域，因意識形態，共同的集體行動之可能，實際上不一定需要真正價值的目標基礎。薛丁格此處的討論在指明，解釋人際間意識共同性的存在，並不必然需要假定一共同的外部世界存在，如一般人在日常生活裡所想像的那樣。被視為表象基礎的對象可以是完全不存在的，例如人可以有兔角龜毛的表象；而一群體也可能基於捏造的神話或偶像的表象形成倫理的共同體。

二　我們只能以語言的理解領悟世界的一體性

透過我的感官感知，我才能接觸到外部世界。這些關於外部世界的知識只有透過這些感官知覺，才能流入我的身上，因為它們正是建構知識的構築材料。這同樣適用於其他所有人。如果我們不考慮不同觀點的差異，那麼如此產生的個別個人的世界是非常相似的，以致我們一般能夠使用單數意義的世界概念。但是，由於每個人的感官世界在嚴格意義上都是個別私我的、其他人無法直接觸及的，因此這種彼此間的一致性就很令人感到奇怪而難以理解。許多人為了排除或掩飾這個奇怪之處，將這種一致性歸因於一個實際存在那裡的物體世界，它造成感官知覺並對每個人產生大致相同的印象。

但這完全沒有、甚至根本算不上是解釋，只不過是用不同的說法來陳述所發現的問題。其實，這對理解添加了一個完全無用的負擔。任意兩個被觀察到的世界，假定是B和B'，兩者之間大體上的一致性應該理解成某種與真實世界R的一致性，也就是B與R以及B'與R的一致性。這樣做假定的人其實忘記了，R是無法觀察到的。沒有人能感知到兩個世界，一個是觀察到的，而另一個是「真實的」，即使只是關於任何結構上的類似，也沒有人能夠做出這種確認。或者，R雖然無法觀察，但卻是一個有可能性的假設？在我看來，做這個假設要付出十分高昂的代價，我已嘗試在上一章說明。即使容許如此假設，無論如何，它也是完全無用的。例如，假如願意的話，設想兩個被感知的世界（你的世界和我的世界）之所以具有一致性，是因為它們是以相同材質的鑄模大體上相同地建構成的（順便一提，這是一個奇特的無限歸納推論的特殊類型）。但對於經驗主義者來說，核心問題仍在於：關於我們兩人之間這個一致性的知識是如何形成？對此，那個空洞的現實存在性假設毫無用處。但這個知識確實存在，真的存在，就像個人私我世界的存在一樣真實。我們想知道它來自何處。這是一個真確的問題：既然兩者已給定為私我的，而且永遠維持其私我性，又如何能得知兩個私人世界之間有此大體上的一致性？做直接的比較對此並沒有幫助，因為不存在這種比較。

假如允許我們給它一個還說得通的解釋，那麼無可避免的是，令人難以置信的真相首先將使我們深感惶恐不安。

在這一點上，有些人可能首先會想到一個粗糙的反駁：這根本是愚蠢的，在一個意識領域所發生的和另一個意識領域所發生的之間，就外部世界而言，難道不是甚至在許多細節上有一個非常嚴格的對應關係嗎？嗯，好吧；那麼誰可以證實這種對應關係？

建立這個對應關係所憑藉的是**語言**，包括所有的表情、動作、觸碰他人的身體、用手指做出指示等等，儘管這些也都無法突破意識領域之間頑強而絕對的鴻溝。維根斯坦（Ludwig Wittgenstein）曾清晰地闡明了語言、共有的語言的重要意義。也許，人們現在預期的是一個如何獲得關於他人特質的類比推論的陳腐故事。但這種故事充其量不過是半真半假，因為對於將母親的微笑視為整個世界、在母親觸摸時表現出親善認同的嬰兒而言，他當然不會做出任何類比的推論。事實當然是，我們之中任何人可能稱之為世界圖像的，那裡面只有一小部分是從他自己的感官經驗中產生的，而很大一部分是來自他人經驗的訊息（其中最大的分額通常不是面對面交換的訊息，而是經由書寫和印刷所保存的語言訊息）。

以下這點如果不是知識理論的唯一任務，也必然是最困難的任務：從最初源頭來追溯，相互理解究竟如何成為可能？而且絲毫不破壞經常提到的私我性和分離性，因為這是不可能的。人們一旦理解了這一點，那麼至少能對真實語言的起源與其達到完美地步的提升有某種可理解的圖像，例如雅典希臘語的發展。至於圖像的細節對此首先並不重要。對他人投射自身意志，很可能在初步理解中扮演顯著且重要的角色。語言在原初時肯定不是從訊息傳遞開始，而是或多或少帶點強烈的欲望表達，如感歎、懇求、命令、警告、威脅等等。

我想更仔細地探究一下原因，為什麼我會覺得如果說我們純粹只是透過類比，即透過形態和行為的相似性來推斷或只是猜測，這是不正確的。孩子不僅在母親和他周圍的其他人身上看到了其他人格的存在，而且在經常與他有相互親密友誼聯繫的動物身上也看到了個性，甚至也在他周圍的物體上。他會擊打弄痛他的桌子的桌腳。在此，形態或行為的相似性幾乎無關緊要。他為花瓶裡枯萎的花朵而悲傷，我們也是如此。我們會覺得倒不如剛好反過來說：人類自然地將他的整個環境看成是活的，是有渴望和有意識感覺的。一開始先是逐漸地，正如史前史和歷史教導我們的那樣，他排除了不是真的有感覺、有生命的東西，而且如果他像笛卡兒（René Descartes）一樣認為自己特別聰明，甚至會排除得太過頭了。不只有野人會把雷風暴雨當成如同他的崇拜偶像般是有靈魂的，有教養的希臘人也至少會把神話生物的想像帶進自然現象：

「這些洞穴擠滿了女山神，
每棵樹上都住著一位仙女，
從有可愛水母的甕中湧流出銀色泡沫。」

雷霆和閃電每每讓人重新感受它們的崇高超越，對我們來說，那是憤怒的宙斯的意志表現。在最古老、在某些方面最實事求是的希臘哲學流派，即愛奧尼亞學派（Ionier），甚至在古代便已被稱為活物論者（Hylozoisten），因為他們認為所有**物質**都是**活著的**，當然，這不一定意味著「有靈魂」。

那麼，我們該如何嚴肅地區分（感覺上）活著的和非活著的呢？如果我們能對此提出一個合理的答案，那麼我們對於上面提出的問題應該就有答案了。也就是，相互理解如何成為可能？儘管我們的意識領域是嚴格地彼此分離和私我的，儘管它們彼此間、即你我間是嚴密閉鎖的，但在它們之間仍然可以取得一致的互相理解。而在文明化的人類身上，可發現這種理解程度在後來所達致的不可思議的完美和微妙。這乍看之下真的非常不可能，有如在發現羅塞塔石碑（Stein von Rosette）之前要破譯埃及文字。

有人這麼說：所謂活著的，是指它自己可以自主移動的。這個定義不僅對我們毫無用處，而且還誤導了柏拉圖和亞里士多德。例如，他們將天體看作神祇，而不認同這種觀點的阿那克薩哥拉斯（Anaxagoras），如果他的朋友和學生伯里克利（Perikles）未能把他從獄中帶走並及時採取行動，幾乎就要付出高昂代價。正如我們所知，在光榮的自由雅典共和國裡人人平等，除了奴隸之外，後者真正做了維持國家存在必需的工作，人們也知道，我要說的是，對那些思想清醒並勇於表達想法的人而言，這種共和國的模式並不是沒有危險的（柏拉圖大概不算是這種人，亞里士多德也在優卑亞島〔Euboia〕的流放時去世）。不過這是題外話。

在我看來，事情是這樣的。一個人首先感知到自己的身體，那是唯一他能隨意控制做運動的、對他來說屬於外部世界的物體。在很多情況下，或者，如果喜歡的話，也可以這樣說：他有一定的把握事先知道身體的運動將發生，只要他想要它發生，而且大致會像他想要的那樣發生。其他物體也會讓他覺得是能感知的並有生命力的，如果他親自用他自己可以任意移動的身體（通常是他的手）觸摸它時，該物體就立即進行通常**無法**事先預測的動作，也就是說，不只是其他情況下顯然常見且眾所周知的那種動作，大致像是推開、從桌子上掃下來、扔到空中等等。但是我們必須立即補充一點，這種「對生命特質的測試」不僅藉由觸摸，而且還透過許多其他方式完成，其中最常見的可能是以下的方式：人們在被調查對象的眼睛前面（如果它像是有眼睛的）移動手或手握著的東西，或是對它喊叫或吹口哨。此時，在每種情況下，表明生命特質的反應本身可能是口頭發出的聲音，或者是顏色或形狀的變化等等。

儘管剛才說的這一切可能是簡單而微不足道的，然而在我看來，重要的是要從這裡讓我們看到，儘管根本上不可能超越自己意識的界限，但從這裡可以產生一種對另一個自我（alter ego）在最廣泛意義上的語言理解。那種理解大致以如下方式實現，而為了簡單起見，現在我們只考慮對我們最重要的情況：即所謂的其他物體，指涉的是與自己的身體具有非常相似結構的另一個身體，簡言之就是兩個同類的個體，特別是指兩個人。這樣考慮的話，可以確認的將是，自己身體的一個或多個移動（或等效的動作，例如喊叫、吹口哨）與他人身體的某些移動或等效動作（可能也還與某個第三事件）之間重複的同時性。所謂的模仿本能在這裡扮演著重要的角色，我們不斷在兒童身上觀察到這種本能，在猴子、甚至成年人身上也發現，「一個人的作法大概就如同另一個人所做的」。最普通常見的是在服裝和戰爭塗裝方面，每年都會出現變化的時尚；而在更長的時間裡，說話方式的逐漸變化，在本質上會對每一種語言的長期世俗變遷有非常重要的影響。我們在此不探討這種模仿傾向的原因。但這種模仿傾向確實很容易導致兩個（組）的同時運動彼此變得非常相似，即自己身體的和他人身體的，例如，在透過觸摸吸引注意力後，兩人都會將手指指向第三個物體（狗），一邊呼喊「汪汪」。

對此，首先可以做一些說明。在藉由自己的身體與其位置獲取在環境中的定向時，意識到同時性本身已扮演十分重要的角色：透過所看見、觸摸和可能聽到的東西的同時性，我們自己身體各部位以及環境中其他物體的所在會形塑出一個統一空間的概念。我們無須深入太多細節，但我也許應該為保留了常見的用語「環境」（Umgebung）說抱歉，儘管事實上，把自己的身體視為它的一部分之後，就不再有任何被環境所「環繞」的東西了（說成「周圍的世界」〔Umwelt〕也不會好多少）。第二，像「汪汪」這樣的詞語和童稚語言中的其他詞語，還有像「Beri-beri」、「Tam-tam」、「Tse-tst」等原始語言中的詞語，甚至可能是印歐語語系口語的疊字，然後是人們對於頭韻、諧音共鳴、押韻感到愉悅，在我看來都見證了音節重複的傾向，而這些情況下是自己發出的聲音的重複。第三，據說是成功的貝立茲語言課程教學方法（Berlitz-Methode des Sprachunterrichts），就我所聽聞的，或多或少地遵循了上面粗略概述的模式，並避免倚賴教師和學生對其他語言的任何既有的共同知識。第四，至少就貝立茲教學方法而言，孩子通常是從他的母親和哥哥姊姊那裡學習到他所學的第一種語言。

如何從這種原始的模仿傾向，經過好幾個世代逐漸形成一種越來越細緻入微的語言理解，這點應該是不可能在實際的語言**歷史**中追溯。因為，很自然地，語言的歷史注定在我們想要有相關解釋的最早期語言形成階段之後很久才開始。人類文化的歷史大致也是這樣的情況。但是，正如我們在代表早已在其他地方經歷過的石器時代的塔斯馬尼亞島居民身上所發現的那樣，民族誌學家也必然會聽到處於非常不同的發展水準的語言。就我個人而言，即使只是道聽途說，在我所知道的為數不多的語言裡，最令我印象深刻的是如梵語、希臘語、阿拉伯語和希伯來語這些**古老**語言的「文法」並非是最簡單的，而是最困難的。相反地，在無疑是所有語言中最先進的英語中，實際的規則卻少得驚人，所以一方面，任何沒有受過教育的外國人都可以很容易地理解它，並學會使用它，而另一方面，則只有這個國家本身最偉大的思想家，像謝林頓爵士（Charles Sherrington）、羅素、默里（Gilbert Murray）這樣的人，才能夠清楚地、易於理解地並以讓讀者或聽眾感到愉悅的方式進行英語表達。

儘管如此，最能深入瞭解語言起源的方式，是觀察孩子從母親和兄弟姊妹那裡如何學會第一種語言並據此比較，就像從受精卵子到胚胎的發育為我們提供了關於種系發生的、儘管絕非完全準確的內容與想法。成年人的貝立茲教學可以視為這個領域的實驗，就像達爾文自己不斷利用狗、鴿子、馬或鬱金香的繁殖來說明或論證他的天擇原則一樣。當然，貝立茲的學生已經不再像一張白紙。他已經知道，他和他的同學、老師、甚至其他人生活在同一個世界裡，他已經學會了至少**一種**語言，而且在許多情況下，他知道或者至少感覺到這裡的重點是什麼；再者，即使是匈牙利語和阿拉伯語，或者是阿拉伯語和瑞典語，他正在學習的語言通常至少在基本要素中具有與他所知道的語言相同的語法結構。（羅素曾指出——在我看來，他是正確的——哲學偏見的風險源於所有已發展語言共同的句子結構，對主詞、謂詞、直接和間接賓語等等的劃分。不僅難以消除的實質與偶然〔substantia et accidens〕學說歸因於此，觀察自然時的主體和客體分離在這幾十年來所籠罩的神祕光環亦然，或毋寧說是它神祕的、表面上像是新發現的不可分割，還有重新復甦的無差別同一性〔identitas indiscernibilium〕，這包含了實際上更加深刻的包立不相容原理〔das Pauli’sche Ausschließungsprinzip〕，順便一提，它應該被視為狄拉克〔Paul Dirac〕所提出的一個更普遍定理的近似*；當然，除此之外還有些其他的。）

如果對於語言發展的早期，亦即相互理解如何逐漸提升，我在這裡為業餘人士提供了想像的空間，這並非我的目的。我最近讀到了一個讓我印象深刻的想法，我不想略過不提，儘管我很遺憾地無法指出作者是誰，或是在哪裡讀過。我確定它是英文寫成的，或許是《科學新聞》（*Science News*）或《聽者》（*The Listener*）**，因為在好幾個月的生病期間，我的讀物有些散亂，而且我多數時候沒有做筆記。這個想法是，最古老的語言根源可以追溯到無意識的嘗試，透過舌頭、下巴等的位置來模仿環境中的外部事件，並在如此擺放（或運動）的這些語言器官中發出聲音。這是一種對長期以來一直是語言學中公認的「擬聲詞」概念的高度普遍化想像（如嗡嗡響、嘶嘶聲、嚎叫、希伯來語中的巴力西卜〔beelzeboul，意思是**蒼蠅**之王〕、義大利語中的讚扎拉〔zanzara，意思是蚊子〕）。其普遍化在於，嘗試模仿的不只限於聲音，而且延伸到事件的其他特徵，例如向上升、向下沉、滲入、限制、取消限制、阻撓、突然或輕輕緩慢。此處很容易出現自我欺騙。在很多情況下，甚至是目前正在使用且背後幾乎都有悠久發展歷史的字詞，看來都符合這樣的想法。像**緊固**（fest）與**鬆散**（lose）、**僵硬**（starr）和**柔軟**（weich）的成對字詞，如果意思顛倒聽起來就比較不適當，同樣地，英語中（而且幾乎國際上都可以理解）的停止（stop）與行走（go）也是如此，需要指出的是，第一個字詞中的母音發音很短，而第二個字詞中的母音（相當於交通中的「綠燈」）是一個稍微長一些的雙母音。

無論如何，在我看來，在任何情況下，把自己產生的聲音對比從別人那裡聽到、或許還有觀察到的事件，這種本能建立了相互理解、語言發展、形成我們都

---

* 譯注：為了解釋強磁場下異常齊曼效應（anomalous Zeeman effect in strong magnetic fields）的原子光譜雙態分裂譜線，奧地利物理學家包立（Wolfgang Pauli）提出「不相容原理」，指出一個原子中的兩個或以上的電子不能處於量子數完全相同的同一個量子態。薛丁格補充說明，包立不相容原理可視為狄拉克提出的全同粒子波函數交換對稱關係的特例，後者更普遍適用於所有費米子（半整數自旋的粒子，如電子）與玻色子（整數自旋的粒子，如光子）之全同粒子系統。

** 譯注：本書英譯本在注釋指出，可能是 R. A. S. Paget, 'Origin of Language', *Science News*, 20 (1951), p. 77。

生活在同一個世界的意識的最初基礎。就像在鏡子裡一樣，我們在別人身上看見自己，然而是在一個高度普遍化的意義上，因為雖然實際的鏡像重現原型的運動，但它並不能模仿聲音，也不能讓我們碰觸，所以我們還得補充說明，這個普遍化的鏡像摸起來通常也像自己的身體一樣溫暖。一隻野兔從灌木叢中跳出來，飛馳而去，另一個人和我，我們兩人都舉起手臂，指向這個移動的物體，我們可能已經習慣在此時發出一樣的聲音，比如說「嗚」。這讓我意識到，「嗚」不僅為我而存在，也為另一個人而存在。如果出現的是熊或大猩猩，我們應該會使用其他音節提高警覺並引人注意。在這一切中具有決定性作用的是記憶，亦即人格特性的建立與發展，這是理所當然的，但毋須在這裡進行更深入的分析。我特別將共同體感（Gemeinsamkeitsgefühl）歸因到語言，但我不希望這看起來像是在宣稱，棲息在傍晚「雀鳥樹」上的麻雀或者長途遷徙的候鳥、蜜蜂、農場裡的家禽……還沒理解到牠們生存於同一個世界。恰恰相反。相較於我們人類中某些可悲、自私的利己主義者，牠們還更領先許多。但是，以嚴肅態度來看，人們可以傲慢地宣稱只有我們人類擁有語言的那個時期，老早就已過去。

假若由於意識領域不容改變的分離性、它們彼此之間的完全互斥，以致我們在起初時有個片刻曾懷疑，究竟我們是如何能夠察覺到（所謂外部的）經驗過程的某個部分具有很大程度的相似性、近乎同一性？一旦我們發覺關於這一點有互相理解的可能性，而且此外，因為我們在我們精通的語言中幸運地擁有了一些這樣的溝通工具，那麼我認為，我們反而就會傾向於高估這個互相理解的準確性，並且遺忘了意識領域之間這不可跨越的界線。昨天，在我向來高度評價的現代高地德語語法書的第一頁，在關於**語言的概念和性質**的第一節中，我讀到了這樣一句話：「單詞由切分成音節的……聲音組成，說話者的相應想法藉由這些聲音來表明，而且由聽者所理解。」我忍不住用鉛筆在頁邊空白處注記：**並不總是如此**。在此，我所在意的，並不是這個有些狹隘的定義，因為它沒有考慮到像「**因為**」、「**雖然**」、「**儘管**」、「**不包括**」等等這樣的詞。在該書下一頁的第二節，涉及所謂語言的起源的地方，當我讀到這個簡潔陳述「因此思想是語言的基礎和先決條件」（Friedrich Blatz, Karlsruhe 1895）時，我在頁邊空白處寫下了**同樣的話**。

在一篇與我們這裡的主題密切相關的文章的開頭，*波茲曼講述有一次他在兄弟陪同下，在學校圖書館找一本哲學的書（他認為是休謨寫的書），非常失望地發現這本書只有他無法閱讀的英文版。當時他們兄弟間經常有爭論，因為波茲曼的理想是在引入每一個概念時，都必須且能夠要有完全明確的定義，但在他的兄弟看來，這是遙不可及的。順道一提，這是這位偉大物理學家儘管馬上遭受挫敗、仍從未忘記的一個理想，而且他總是盡可能地想要接近它。但就在那時，波茲曼的失望給了他的兄弟一個挖苦他的機會：「如果這本書做到了你所期望的，那麼語言就無關緊要了，因為總歸每個單詞在使用之前，都必須被清楚地定義。」順便一提，要麼是波茲曼誤認作者（休謨），要麼是有人騙了他。因為在這位英格蘭人確實所屬的那群相當深刻的思想家中，或是今天人們還樂於閱讀的所有年代更早的思想家中，我從未看到有任何人會如此不經深思熟慮地做出推論（我幾乎要形容這是隨興談論），而且就如同休謨一樣，**顯而易見地因此保持了**孩童般的信念，相信文字會自我解釋，即使在比日常言語更微妙的意義上，也不需要費盡心思和難以記憶的定義，只要人們將它們放在正確的上下文中；換句話說，句法比詞彙更重要，或者，用歌德的話來說：

> 誰若真心要說些什麼，
> 他還需要追逐字詞嗎？
> ……
> 理智和正確的思想
> 只需要一點藝術就能自我展現。

我的朋友辛格教授（John Synge）是一位非常有趣又健談的數學家，在為普通讀者寫的一本名為《科學：理智與無稽之談》（*Science: Sense and Nonsense*, London, Jonathan Cape 1951）的小書第一章中，他下了「循環論證」的標題，用所謂的「circulus vitiosus」稍微嘲諷了單語辭典（例如《簡明牛津辭典》〔*Concise*

* Wien. Berichte 106 (2a), S. 83, 1897；也收於波茲曼的通俗著作 No. 12, Leipzig, J. A. Barth, 1905. "Über die Frage der objektiven Existenz der Vorgänge in der unbelebten Natur"。

Oxford Dictionary」），但是他當然不是要藉此否定辭典對精熟該語言的人的有用之處。你在這種辭典中查閱某個單詞。它會被同一語言中的三個或五個其他單詞解釋。你在同一部辭典中尋找這些單詞的每一個。以此類推。由於辭典只包含有限數量的單詞，因此單詞遲早會重複。在經驗中，這種情況在幾個步驟之後就發生了。不過這表示，第一個字詞解釋在邏輯上就已經是有缺陷的了，也就是說，從嚴格的邏輯觀點來看，整本很有價值的辭典中的每一行都是有缺陷的。可以說，使用另一種語言或甚至使用——說來可怕的——圖片來解釋單詞，是遊戲規則所禁止的。另一位幽默的作者大概也想用一個笑話來展現這個遊戲的深刻莊嚴，在西班牙學院的辭典中解釋「perro」（狗）時，為了與另一種家裡常見的寵物（貓）區別，採用了成年雄性的習慣作為參照，這在奧地利口語中叫做「Haxelheben」。這個笑話當然是用莊嚴的學究樣貌呈現出來：「……後腿，公的通常會舉起其中一條來小便。」

三　關於溝通的不完美

前面有關如何達成相互理解以及「我們都生活在同一個世界」的見解，其描述方式也許太寬泛了、穿插了太多有趣的旁白，但在我看來，即使那些認為這是古怪的一時執著、想要否認這個共同世界為「真實」的人，也必須接受這是事實。誰若承認了這一點，我就不會與他爭辯，至少暫時不會。「真實」、「存在」等等都是空話。對我來說，重要的只有：即使有人認為不可避免地必須將我們經驗中一部分（我們稱之為外部的部分）廣泛的共有特徵歸因於這樣的想法，即相同的模具往往在「可塑性的表面」塑造出類似的結構，但他仍然不該假設這想法可以解釋或保證我們對這種共同特質的感知。如果人們假設有一個真正的外部世界是對感官知覺產生作用的原因，且合理推論可經由我們的意志行動影響這個外部世界——我建議要避免這種想法——那麼，這樣想的危險是，會讓人們根據這個對共同性的似乎合理的解釋，理所當然地接受我們關於此共同性的知識，並認為這個知識已經是完整的了，而不再關注其起源，也不在意所達到之完整性的程度。這樣就不僅僅是文字上的爭辯，而是根本就錯誤的。

人們常說，關於自然的科學永遠無法達到其目標，或是說，在任何理論中，人們都不應該問是否該修改，而只問應該朝哪個方向修改；或者說，在追尋心中揮之不去的理想時，智性工作的幸福感並非來自於理想的達成（萊辛〔Gotthold Lessing〕語）。但是，考慮所謂的精確科學時，最常占主導地位的，都是這樣的想法，即我們永遠無法在思維圖像中完全重建自然。我們在這裡清楚且要宣稱的，比這個還要多。人類彼此間完全確定的、毫不含糊的相互理解原本就已不可能，它是一個我們永遠在接近但永遠無法達到的目標。**單單這個原因，就使精確科學永遠不可能實現**。對於這裡要表達的意思，有一個相當貼切但也許有點太弱的類比，即在散文或簡單無韻詩的譯文中要求「信」與「雅」所面臨的艱難限制。對於像莎士比亞的戲劇或《聖經》等重要文本，所有時代的人們都在為此目標努力，幾乎每個時代都無法完全滿意於先前時代的成就——但這當然部分與自己的、也就是翻譯的目標語言的持續且相對快速變化有關。（在我還是小孩的時候，英語單詞中「bath」和「bathe」的意思分別是「**浴缸**」和「**洗澡**」；現在它們這兩種意思都有，但第一個是指在浴缸裡洗澡，第二個是指在開放水域或游泳池裡洗澡或游泳。一千年前說的和寫的德語——我的意思是代表德意志語言〔Deutsch〕的德語，而不只是哥德語〔Gotisch〕——如今若沒有字典或現代高地德語的翻譯，就不再能理解。）我前面說到：這個類比相當貼切，但也許太弱了。為什麼太弱？因為，正如之前所說的，我們感興趣的大多數語言都有非常相似的結構。但是我曾經拿到過《道德經》的兩種不同德文譯本。我記得其中只有偶爾出現的幾個地方可以認出它們是同一個中文小作品的譯本。（這裡的「小」字沒有貶低的意思。這個著名文本的簡短，讓愛說俏皮話的人想到可以讓人驚訝的哏：據說它是老子在等待出關時寫下的。）

即使在有最高教育程度的人之間，在感官知覺的某些特定品質方面，相互理解也存在著幾乎無法逾越的障礙。這不是最重要的一點，而且已經常常被強調，所以我們不必花太多時間在此糾纏。例如，這個問題經常被提起：你看到的草坪的綠色和我所看到的一模一樣，這真的是確定的嗎？這個問題其實無法回答，人們可以自問，這個問題是否有任何意義。二色視者（通常被誤稱為部分色盲或紅綠混錯色盲）*將太陽光譜視為一個色帶，其多樣性程度與正常三色視者所能見到的完全一樣，其中他藉由疊加**（不是在調色盤上調色那樣！）將兩種飽和的互補色（我們稱之為A與B）混合成所有比例關係，從純的、飽和的A，經過中性灰色，到純的、飽和的B。方才說的，是客觀上可以確認的。但是，**與正常三色視者的色覺比較**，二色視者尚能看見光譜上最外側的紅光與最外側的紫光在他們看起來如何，這當然是根本無法確定的。理論上的推測是，如果我們不將這種包含基本上無法確定的某些東西的猜想視為荒唐，此猜想是，二色視者在長波（紅色）端看見飽和的黃色，其飽和度逐漸減弱直到中性點（灰色），由此開始他看到的是逐漸增加飽和度的藍色。假設有個年輕人只有一隻眼睛有二色視力，但另一隻眼睛有正常的三色視力，他眼睛的這種情況是客觀上可以確認的，這年輕人能證實我們的這個推測。當然這個證實完全取決於我們對他說了真話的信念。（注意，我在此使用了「**客觀上可以確認**」這樣的表達兩次，這個確認固然取決於受試者關於光的某些混合狀態看起來相同的陳述，但是這裡的情況下，我們可以交互詰問受試者，而且可以持續這樣做，以獲得更高的準確度；因此無論是有意還是粗心的誤報都會被發現，所以，使用「客觀」這個詞是合理的。）

由於我自己對音樂相當外行，我最好不要再談論音調和聲響在這一方面的關聯。但我想那是同樣的。我們對聲響是馬的嘶鳴、嘩啦啦的雨聲、打開一個鐵皮罐頭或者麻雀的啾鳴會做出一致的判斷；我們能辨識是否有人在演奏鋼琴或大提琴獨奏；音樂行家在聆聽特定的交響樂時會有類似的情感波動，他們對此可以在某程度上相互理解，對於同一個音調，有絕對音感的人能用相同的音名來指謂，但所有上述這些都還不足以將聲音感知的領域與顏色感知的領域區別開來，至少

---

* 譯注：薛丁格對於色盲相關研究的關注可以溯源至擔任埃克斯納的助理時與科爾勞施的合作工作（本書〈我的人生〉中所述「第一時期」）。蘇黎世旅居期間（〈我的人生〉所述「第二時期」）是薛丁格的創作高峰之一，涉及領域廣泛，除了原子結構與量子統計的理論物理前緣課題之外，還包括色度學（colorimetry）和視覺理論（color theory）。薛丁格的理論研究為色彩學提供精緻的現代數學量化基礎，啟發了使用空間幾何來闡述色彩的現代色視覺概念。

** 這裡說疊加的意思是，有A、B兩種色光，且只有它們同時照射在同一個啞光白的表面上。

對於這裡所討論的問題來說不足以做出區別。眾所周知，聽覺和視覺之間的兩個真正重要區別如下：特別是對於一個熟練的人來說，可以根據其——不必是諧波——泛音的存在和強度對單一聲音進行非常精確的分析，並且沒有**合成的聲音等式**，也就是說，無法以各種純音的混合產生相同的聲音。而與此相反，通常可以透過光譜上純光的非常多種完全不同混合來再現相同的顏色，而且這種所謂**合成的顏色等式**在檢測顏色視覺時發揮了非常重要的作用。確實如此，在光譜長波端（紅到綠）的純光甚至可以透過多種方式混和兩側鄰近光來取代（例如黃光用紅光綠光來取代），而不讓眼睛感知到任何差異。這是這兩種感官之間兩個顯著差異的第一個。底下則是另一個。可以說是為了補償在感知光性質上較低的多樣性分辨力，我們的眼睛能夠極敏銳地分辨照射它的不同光源的方向。因此，形成輪廓分明、首先是二維的視野，然後，主要是透過雙眼的視覺與觸覺相互配合，如此的視野延伸成為真正三維的視空間。對於聲音而言，雖然「定向聽覺」並非完全不存在，但與「定向視覺」相比，它是不完整的，而且似乎是透過兩隻耳朵的協力工作來實現的。儘管與我們在這裡關注的不太密切相關，但我還是忍不住要提到在昆蟲上觀察到的截然不同的視覺，如馮・佛利希教授（Karl von Frisch）*在過去的四十年中獨創而不懈、主要是觀察蜜蜂的系列實驗的研究所發現的。人們早就知道，昆蟲的定向視覺與我們的作用方式完全不同（因為牠們是藉由所謂的複眼）。蜜蜂和我們一樣是三色視者，但牠們的視覺範圍延伸到紫外光，以致在我們的視覺範圍裡，牠們很容易**被當作**是二色視者，就像我們在長波區域（紅到綠）實際是二色視者一樣，其中純黃光扮演「中性點」的角色。此外，馮・佛利希還發現，對於蜜蜂來說，在天空的不同區域和一天中的不同時間，天光的部分**偏振**以規則但非常複雜的方式變化，是一種生物學上重要的定向工具；對我們來說，這是完全不會被察覺的，但是蜜蜂卻可以用牠們的複眼感知它。更令我驚訝的是，蜜蜂和蒼蠅的眼睛每秒可以收取超過兩百幅個別映像，而我們的眼睛最多只能獲得二十幅。馮・佛利希補充說：「難怪我們試圖拍打蒼蠅時，牠通常能逃脫，因為牠可以慢動作追蹤正在接近牠的手的運動。」

* 參見 K. von Frisch “Wie die Insekten in die Welt schauen”, *Studium Generale*, 10, S. 204, 1957; “Insekten - die Herren der Erde”, *Naturwissenschaftliche Rundschau*, Oktober 1959, S. 369。

現在談談別的東西。儘管看來沒什麼意義，如果人們被問道是否能將五個單一母音與任何特定的顏色關聯起來，大多數人並不會被這個問題惹惱。不過，聯想是各不相同的。對我來說，它們是：a是飽和度不高的中亮度棕色（在孩提時代，我們稱它為「drap」），e是白色，i是燦爛的亮藍色，o是黑色，u是巧克力棕色。我認為，這種關聯是恆久的，不過它也許沒有什麼意義可言。

在這種情形，任何關於「誰是對的」的討論可能也是完全沒有意義的。前面最後幾段中關於感官知覺的所有說法也許可以最好地總結為，我們能充其量相互理解的，只有感官所掌握的世界**結構**，但不包含組成世界的基本構件的品質。關於這點，有**許多**對我來說並非無關緊要的**觀察**得要說明。

首先，我們所談的這種對相互理解的限制，並不是最需要在意的。幾乎可以說，如果只是關注在結構上無干擾地達成清晰的一致性上，這是不對的。因為無論是純粹就生物學而言，還是對認識論的理論學家來說，正是這些結構才是真正令人感興趣的。而且這尤其是因為我認為（這是我的**第二個**觀察），我們的相互理解受限於結構的局限，遠遠超出感官所掌握的世界的領域之外，在所有其他我們想要彼此分享的領域裡，也存在著這個問題，特別是對於較高和最高階類型的科學和哲學的思想圖像。數學中所謂的公理化提供了一個這方面的例子。不過它只是這方面的一個例子。它的核心在於，對於某些基本元素（例如，自然數、點、直線、平面……）設定許多基本定理而無須證明，例如「每個自然數都有一個且只有一個後繼項」或者「兩個不同的點總是定義一條且只有一條直線」。從這些公理，所有數學（或數學的某些相關次領域）命題就都能被邏輯地推導出來，並且它們的正確性完全獨立於基本元素可能的直觀意義，或者無關乎是否因顧及此意義而使公理看起來合理與否（只不過它們必須沒有自相矛盾，這通常不易證明）。

一個特別簡單又清晰的公理化的例子是射影幾何學，例如在平面中的那種。這裡的基本元素是**點**和**直線**。一個基本概念是：一個元素與另一種類型元素的**重合**（點位於線上，或者是同義的線穿過點）。其中兩個定理是，同一類型的兩個不同結構之兩者總是與另一種結構的一個且只有一個重合。另外四個公理在這裡與我們不是太相關，除了它們就這兩個種類而言也是對稱的，它們是：當三個同種類的結構與一個另一種類的結構重合時，在第一種類的結構中，有一個是明確區別出來的，這個結構與前述三個結構呈現調和共軛（這意味著什麼並不重要，只是：透過增補第四個調和結構，四個結構中的每一個都是其他三個的第四個調和結構）；最後，與這四個調和結構的每一個都重合的第二種類的四個結構，如果它們四個也都與一個第一種類的第五結構重合，則它們同樣地呈現調和組態。如果把第一種類的結構說成是直線，把第二種類結構說成點，或者反過來也可以，這些定理將更容易掌握。由於所有公理的完美對稱性，人們可以在**所有**正確推導出的平面射影幾何定理中將點和直線兩個詞互換，且獲得又一個正確的定理，也就是從公理中邏輯地推論出來的定理，即所謂的**對偶定理**。一般而言，這種成雙的定理偶對的圖譜彼此之間非常不同；在二元性尚未被察覺之前，定理往往是由不同的思想家在不同時期個別獨立發現的（例如：帕斯卡直線〔Pascalgerade〕和布列安桑點〔Brianchonscher Punkt〕）。

我們把剛才處理的幾何學例子視為我們的第三個觀察，即針對這個主題：首先只是對於所有用感官掌握的東西，但然後也對思想建構的東西，只關注其結構而非建構的材料，以及在某種程度上，可信的相互理解頂多是透過前者但非透過後者。因此第四個觀察如下。

即使到了今天，我們發現有些地方，特別是在較低年級使用的教科書中——顯然是因為那裡沒有這麼精確的義務要求——仍然有像元祖家私般流傳的一個被視為「古老傳奇」的說法，即對於感官所感知的、就此目的最好被視為真實存在的環境，我們很容易而且毫不費事地區分兩種性質：主要的和次要的。前者涉及形狀、相對位置和運動，後者涉及其他的一切。關於前者，我們可以對自己的感官充滿信心，後者被視為我們自行添加的自由成分。若使用圖像比喻來表達，這種觀念是設想某種如用線條描繪的杏仁形弧線圖（即著色頁），然後我們可以隨意用水彩填充其中的區塊，就像小孩子所做的一樣。

萊布尼茲早已對這種偏見提出反對，但它很難根絕。人們確實不該試圖證明它是錯誤的，因為這幾乎行不通，就像人們無法反駁這樣一種推測，即在外銀河系星雲之間的某個地方，有一個被保護的空間，那裡有具翅膀的人形構造物，穿著長長的白色長袍在演奏甜美的音樂和享受天堂。*在兩種情況下，舉證責任落在為荒誕斷言辯護的人身上。沒有理由可以相信，在一個「真正存在」的身體世界中，為何我們對環境所形成的形狀和運動的觀念，必然比顏色的、聲音的、冷熱的等等觀念更真實可靠。前者與後者都確實存在於我們的感覺世界中。在**所有**情況下，彼此相互理解應該受限於結構上。

但是現在，我們應如何理解，為何對幾乎所有人，或者在相當大程度上也對動物，我們的環境似乎擁有或多或少完全一致性的結構。例如，如果一個騎士面前的道路上突然發生火災，或是意外地出現一個窟窿，他騎乘的動物就會像他自己一樣因受驚嚇而退卻，而這只是可以羅列出的數千個例子之一。如果有人不願把這種完全一致歸因於身體世界作為其共同的原因，是否就應將此一致性純粹視為我們所發現且從不失誤的確定性（假設排除幻覺和夢境）不斷在重複的奇蹟？

不，並非絕對如此。

* 對於奧林匹亞眾神，盧克萊修有類似的想法，甚至伊比鳩魯早就有這樣的想法。

四　同一性學說：光與影

現在我想有必要事先聲明，我們在本章裡要討論的想法**在邏輯上**也許不像所有到目前為止所討論的那麼嚴肅，但它們**在道德上**是更重要許多的。在一開始，我就要坦率地指出，從現在開始，我不僅不會迴避形上學，甚至不會迴避神祕主義，而且它們將在所有下文中發揮至關重要的作用。當然，我非常清楚，光是這種承認，就足以使我遭受來自理性主義一方的攻擊，也就是來自我的大多數自然科學專業的同事，在最好的情況下，他們會帶著友善而嘲諷的微笑說：你知道的，親愛的，我們對此敬而遠之，在這一點上，對我們而言，存在一個物質世界作為共同體驗的原因，是個極其明白的假定。我們寧願愛這個假定，而不愛你。因為將對於物質世界極其自明的假設視為共同經驗的原因，這個假設是純樸的，每個人都能自然地接受，**它絕對沒有任何形上學或神祕的成分在其中**。針對這種可預期的攻擊，我的辯護包括同樣友善的反擊或預防性反駁，即上面黑體字裡的斷言其實是錯誤的。在前面的章節中，我已一再試圖證明，**首先**，假定一個物質世界（作為廣泛經驗共同性的原因）對於我們意識到這個共同性並沒有任何作用，亦即，不管有沒有這個假定，意識的共同性之可能都能同樣地被說明；**其次**，我一再強調，底下這點是既無可能也不需要證明的，即在那個假定中隱含的物質世界和我們的經驗之間的因果關聯，無論是在感官知覺還是在意志行動方面，在類型上都與自然科學所服膺的因果關係完全不同。後者完全合理地在科學實踐活動裡扮演如此重要的角色。即使現在我們在柏克萊（生於一六八五年）或更清楚地在休謨（生於一七一一年）之後更清楚地已意識到，這個因果關聯不是真的可觀察的，也就是說，那不是一種因與果的關聯（propter hoc），而只是事後的檢定（post hoc）。如此，依據上述第一個理由，那個假定本身就是形上學的，因為沒有任何可觀察的東西可以與之符應；依據第二個理由，則那個假定本身也是神祕的，因為它需要將兩個對象（也就是：結果與原因）之間根植於複雜經驗的相互關係應用於一雙對象上，其中總是只有一個（也就是感官知覺或意志行動）是真的被感知或觀察到的，而**另一個**（也就是**物質性的**原因或**物質性的**成果）是只靠想像力建構附加的。

因此，我要毫不猶豫且直言不諱地指出，為了解釋我們所有人最終都能在經驗上發現我們是處於同一個環境中這件事，接納一個真實存在的物質性世界，這種想法是神祕且形上學的。當然，任何不予苟同的人還是可以繼續不予苟同，即使他有點天真，而這樣想確實也很方便；然而，他將錯失許多東西。但無論如何，他沒有理由認為自己的觀點沒有這種「弱點」，進而嘲笑其他觀點是形上學和神祕主義的。

在現代史中，第一個採取與此不同觀點的，可能是萊布尼茲的單子學說。據我所知，他試圖論證目前已常被稱為廣泛的共同體驗的東西，是來自**所有**單子（Monaden）中在事件過程裡已預設的（也就是從一開始就創造的）和諧（也就是本質上的平等）。單子間彼此沒有任何影響，這些單子「沒有窗口」，如一般通行的說法。各種不同的單子，人類的、動物的，甚至是例如神的單子，區別僅在於或多或少混亂或清晰的程度，因此相同的事件過程可以在其中反映。如果我沒有在費雪（Friedrich Theodor Vischer）的書中（*Kritische Gänge* II. S. 249; Verlag der weißen Bücher, 2. Aufl. Leipzig 1914）發現他對此有個很值得注意的注解，我甚至可能不會提起這個天真程度（就人們相信這樣就算是已經做出了**解釋**來說）幾乎超過了唯物論的嘗試。費雪在那裡確切地寫道：「……因為遍存於萬物之中的只有一種單子，即精神；單子（Monade）沒有複數。當然，萊布尼茲削弱了他的想法帶來的精彩結果，因為他將多數的單子視為並列而彼此之間無法交流的死物，這與單子作為能思維（精神）的單元的概念形成了強烈的矛盾——但這跟我們有什麼關係呢？」這些話出現在一篇對諸多作品的分析（包括頓澤〔H. Dünzter〕一八三六年對歌德的《浮士德》〔*Faust*〕的分析）進行評論的文章之中。

「只有**一個**單子。」那麼，整個單子學說將會如何呢？那就是吠檀多的哲學（或者也許還有時代較晚、但肯定獨立於吠檀多的帕門尼德斯〔Parmenides〕的哲學）。簡而言之，這個觀點是，我們所有的生物都是彼此相關聯的，因為我們實際上都是一個單一實體的面向或方面，這在西方的用語中也許稱為上帝，而在奧義書中它叫做「梵」（Brahman）。

一個在印度著名的比喻是，有許多切面的寶石所展現出的**一個**對象，例如感官的許多幾乎相同的影像。我們前面已說明過，我們在這裡討論的不是邏輯上可演繹的東西，而是關於神祕的形上學。關於實在對象世界存在的假定完全是類似的（通常稱為外部世界，而自己的身體也屬於所謂的外部世界）。

這個想法，人們可以在最好的德語原始資料彙集中查驗。雖然，在其中關於《吠陀經》（*Veden*）的描述，因涉及許多婆羅門冒險性犧牲儀式與愚昧迷信的關聯敘述而有所掩蓋（P. Deussen, *Sechzig Upanishads des Veda*, aus dem Sanskrit übersetzt, Leipzig, Brockhaus 1921; derselbe. *Die Geheimlehre des Veda*. Ausgewählte Texte. 5. Auflage, ebendort 1919）。我們不想在此多做這類說明。但即使撇開它們不談，在我看來，印度思想家很嚴謹地從這種「同一性學說」（Identitätslehre）*中得出兩

---

* 譯注：Identitätslehre 可譯為同一性學說或身分學說。譯為「同一性學說」時側重指涉該學說的知識論面（即知識或研究對象的「Whatness」）。譯為「身分學說」則側重指涉該學說的倫理學面向（即「誰」〔who〕作為倫理的行動者）。薛丁格反對康德在知識與倫理之間做嚴格區分，並將形上學完全自知識領域排除的作法。（參考本書〈尋找出路〉第一章）。雖然薛丁格並不天真地認為人們能由知識上的實然推論出倫理上的應然，但允許形上學在知識領域扮演特定的角色，從而消弭人類理性在知識與倫理之間分裂的鴻溝，是薛丁格在本書裡企圖努力論證的目標之一。譯者提醒讀者閱讀時注意 Identitätslehre 的雙重意思。本書通譯為「同一性學說」，特定脈絡則使用「同一性（身分）學說」的譯法。

個結論，一個是倫理學的，另一個是轉世論的，前者我們樂於接受，後者我們卻必須加以拒絕。

倫理學的結論保留在下面依循詩歌韻律的德文翻譯中。這個翻譯出現在叔本華著作中的某個地方，但我不確定它是否來自吠檀多哲學或《薄伽梵歌》（*Bhagavadgîta*），但兩者都散發著相同的精神：

Die eine höchste Gottheit / In allen Wesen stehend / Und lebend, wenn sie sterben, / Wer diese sieht, ist sehend. / Denn welcher allerorts den höchsten Gott gefunden, / Der Mann wird durch sich selbst sich selber nicht verwunden.

（中譯：

那唯一的最高神靈，／存在並活在所有生物之中，／即使它們死去，／誰若看見這一景象，／便是真正的「看見者」。／因為，哪個人找到了無處不在的最高神靈，那個人就不會再自我傷害。）

或拉丁文：

Qui videt ut cunctis animantibus insidet idem
Rex et dum pereunt, hanc perit, ille videt,
Nolet enim sese dum cernit in omnibus ipsum
Ipse nocere sibi. Qua via summa patet.

（中譯：

誰看到了生物內在的君王，
當它們滅亡時，這個王也消亡，他才是真正的觀察者，
因為當他看見自己存在於一切中，
他就不會傷害自己。這就是至高的道路所在。）

（德文和拉丁文兩者的引用都根據作者的記憶。）這些美麗的詩句不需要多

餘的評論。這裡將對所有生物（不僅是人類同胞）的關懷和仁慈譽為可實現的最高目標——與史懷哲（Albert Schweitzer）倡議的「對生命的敬畏」（Ehrfurcht vor dem Leben）非常相似。史懷哲經常強調，除非透過有意圖地引發自己和他人因飢餓而死亡，這個最高目標就無法真正實現。據我所知，史懷哲是第一個將植物世界納入普遍道德法則的人，而且不像許多人那樣只滿足於溫吞的素食主義，這其中有些人還認為「在我們的惡劣氣候下，這個目標實際上無法在不損害健康的情況下達成」。甚至據說偉大的釋迦摩尼佛陀，如果抵達朋友家時是肉食餐點已經準備好的用餐時間，他會毫不猶豫地參與享用，因為他享用的那塊肉的原主動物，並不是為了他才被屠宰的。我們至少應該高度讚揚這種態度的誠實。假設限定條件是每個人必須輪流親手殺死一頭乳牛、一頭豬、一頭牛、一隻野獸、一條魚或一隻家禽，如果他想要經常享用這些肉，或是將它們獻給朋友，那麼我們之中的許多人可能會就此放棄吃肉的享受。即使令人覺得偽善且不光彩，但對於印度教徒來說，不難理解為何專職的獵人和漁夫屬於僅比「賤民」高出一個等級的種姓階層，因為印度教徒並**不禁止**肉食（佛教徒則禁止肉食，但佛教徒眼中沒有種姓階級）。至於那些為了娛樂而狩獵和捕魚的人，他們的樂趣有時來自他們追捕的小小犧牲者痛苦的精疲力竭和極度的死亡恐懼，在此脈絡關係上應給予他們什麼樣的譴責，我們不在這裡談這個，也不談那些給鵝進行連續幾週令人難以置信的殘酷餵食（從而使其肝臟病態地變大，然後因此變得非常美味）的事情。我們也不打算進一步追究以下事實的合理性：為何在安然接受、不加以禁止、默許這種事情的國家裡，另一方面又斥責鬥牛是「中世紀的野蠻」？鬥牛當然是殘酷的，雖然它對公牛的殘酷程度（根據我聽到的一切）低於人們對可憐的老馬所做的事，但肯定不會比狩獵或製作鵝肝更殘忍，此外，肯定也不會超過把除役的馬匹關在狹隘的馬廄裡度過幾天的運輸船期，以便將牠們從沒有鬥牛活動的國家送到其他地方，因為出於我不知道的某種原因，在該地把牠們製成肉品罐頭會有更高的利潤。（由於缺乏人道協助，馬廄裡最羸弱的年老動物會在顛簸的海運過程中死去，至於如何處理牠們的屍體，這顯然是個商業機密。）

以上是第一個結論，即倫理學的，它在印度哲學中導源於底下這個無法證明的命題，即我們生物都只是一個單一存在的不同面向或方面。正如我所說，我們和史懷哲一樣非常同意這個結論。

另一個結論，即轉世論的，它一再地在我們面前出現，但它可以從底下多依森（Paul Deussen）翻譯的四行詩（Brihadâranyaka Upanishad 4,4,19）中充分地看出：

Im Geiste sollen merken sie:
Nicht ist hier Vielheit irgendwie;
Von Tod zu Tode wird verstrickt,
Wer eine Vielheit hier erblickt.

（中譯：

他們應該要銘記在心：
這裡無論如何沒有多數；
誰若在此看到多數，

將陷入從死亡到死亡的糾纏中。）

這裡需要一點解釋。首先，這個結論的基礎建立在深深植根於婆羅門教對靈魂轉世的信仰上，比起出生於堅決拒絕這種信仰的環境的人們通常所想像的，它的普遍性極為廣泛。同樣地，與我們成長環境的整個傳統相反的是，對婆羅門教教徒來說，「死後生存」的展望不像我們傳統所見的是一種安息，而是一種痛苦的根源。*下一次出生的角色和命運，被看成是由所有前世的行為和疏忽的總和（業力）決定。雖然這種「正義」與其他宗教所信仰的「正義」有一定的相似之處，但例如與基督宗教相比，與其說它是面對「人生福分分配不平等的事實的冷漠」，不如說它導致了某種淡然。這種態度顯然是貴族式的，它對「所有人在上帝面前一律平等」這種想法一無所知。如果你生來就是婆羅門（這絕不是說：你會很富有），你之所以應得這個光榮的等級（即使你很窮，而且是另一個婆羅門

* 與此類似的情況可以在西元前一世紀的羅馬找到。對地獄中可怕懲罰的恐懼已如此深廣蔓延，以致盧克萊修在他著名的教誨詩中試圖傳達這個慰藉人心的信念：死亡真的是一切的終結。

的僕人），那顯然是因為你在過往的前世所獲得的功德；如果你是首陀羅（賤民），或者甚至是一隻野兔或醜陋的蟾蜍，那是你自找的，那是你更早的前世裡所造作的邪惡的代價。這是一種信仰，它讓世界縱使顯然不公平卻看似公平。這與封建貴族有某種相似性，而後者當然是以先前世代取代前代的出生。你是伯爵或公爵，因為你的一個祖先對國王與國家有所貢獻，並被封為貴族，而且因為這一路下來一直到你的歷代繼承人，至少沒犯過什麼嚴重的過錯，會讓國王必須剝奪其貴族地位的地步；是的，位居顯位的貴族，確實有可能為他們的國家做出普通公民少有機會做出的貢獻。當然，這樣的話，一隻可憐的蟾蜍如何藉由道德行為成為一隻野兔，而這隻野兔又如何成為至少是首陀羅等級的人，這本身就是一個值得問的問題。

所有這些都只是預作準備的評論，而不是上面四行詩所包含的內容。正如我之前所說，對婆羅門教的信徒來說，生、死與再生的無休止輪迴是痛苦的根源。人的目標是結束它，並透過「解脫」進入在奧義書中被比擬為一種無夢的沉睡狀態，這種狀態佛教徒稱為涅槃，基督徒和許多神祕主義者稱為進入上帝或與上帝合而為一的狀態。以無夢的沉睡狀態來比擬，讓人不禁要思考：這與盧克萊修的「死亡是一切的終結」的想法有何不同？我不知道是否有任何古代文獻在某處明確地表達出我這個想法，但在我看來，這裡的根本在於一種深深的幸福感，甚至可以說是真正的喜悅，像是一個非常疲憊的年輕人從漫長、深沉、無夢的睡眠中充滿活力地醒來時所感覺到的那種喜悅。他感覺到並且確實知道，他不是才剛睡著的，他確信從那時起，他已經經過了他甚至無法說明、沒有記憶的很多小時，但他當時確實有某種非常、非常幸福的感覺。

現在終於要來談那首四行詩的意思了。「這裡無論如何沒有多數。」這就是神祕的—形上學的奧義書教義本身：具備感知能力的本質，它的多數性僅僅是個摩耶（maya，意思是「幻象」），實際上它們都只是**單一個**本質存在的各面向。真正令人疑慮的是在第三與第四行詩句中所表達出來的：達成解脫，即結束生死的永恆輪迴，不可或缺的條件是人真正地把這個神祕教義當作屬於自己的，理解它，而且要用整個靈魂贊同它，不只是口頭上的贊同而已。

這確實令人疑慮。它是一種「透過知識的救贖」。它甚至比路德（Martin

Luther）的「因信稱義」（信仰終究不受意志約束）或奧古斯丁（Augustinus）的「救恩」更糟糕，或至少一樣糟糕，後者認為需要救贖的人無法為此目的做些什麼，也無法從中得到什麼。吠檀多的知識救贖觀念與這兩者十分相似。從一個自己接受奧義書教義的人的角度來看，知識的救贖幾乎是其中最糟糕的，因為知識不僅需要智能，還需要冥想的悠閒。我是說，這幾乎比奧古斯丁純粹博弈式的神恩揀選或路德的因信稱義更糟糕。路德的因信稱義的確是好不到哪裡去，因為信仰不是來自自己的功績，而是來自神的恩典。就知識來說，雖然它是真實的邏輯真理（而且我們這裡所涉及的根本不是這個問題，而是一種神祕的—形上學的教義），卻不僅僅是彩券博弈，而是一種用「灌鉛骰子」操縱的遊戲；有優勢的不僅只有聰明的人，而且還有富有的人，後者的基本生活所需有他人侍候，讓他可以致力於形上學的投機。另一方面，當然，吠檀多的救贖教義就底下這方面來說是要溫和許多，因為它的視野不是局限於單一次的生命中。如果在此生不成功，這個循環將繼續而且不斷繼續下去。至於它是**如何**繼續，則是由人自己的作為和不作為（業力）來決定。如果喜歡，人們可以這樣想，人最終會因「善行」獲得一種生命履歷，在此履歷中，因智慧、閒暇和誠實的努力得以掌握同一性（身分）學說的教義，並藉此獲得解脫救贖。然而，「唯一救贖」的附帶意味依然存在。但也許這存在於所有真正的宗教，無論好的或壞的。

今天，對於任何想要接受吠檀多世界觀的人，首先要建議的，是應移除其中靈魂轉世的思考動機。而且不是因為基督宗教否認這種想法。因為，首先，這種想法在今天的普及程度，比那些受洗信徒要我們相信的要少得多。其次，比起繼承登山寶訓的精神，我們至少在同樣程度上也是希臘文化精神的繼承人，登山寶訓信徒的原始經典，最早的紀錄文本是希臘語，不是亞里士多德或普魯塔克（Plutarch）的古典希臘語，而是那種優美、簡單的日常語言，在亞歷山大征服後的幾個世紀裡，它似乎是地中海東部地區和近東的通用語（lingua franca）。如我們從畢達哥拉斯（Pythagoras）的傳統所知道的那樣，靈魂轉世的想法對早期希臘人來說絕非陌生。當然，如果人們要在這裡想像一種記憶在靈魂轉世過程中消失的想法，就會是十分荒謬的。事實上，畢達哥拉斯學派確實曾將神奇的力量賦予在如畢達哥拉斯這樣傑出的人物身上，認為他記得他以前的出生，據說他藉由重新認出他從未見過的事物和空間，為此提供證明！就我看來，人們似乎認為，若非至少偶爾和在特殊情況下有回憶的可能，**特殊**同一性（身分）的主張將完全崩潰。在這裡，人們會聯想到一些事情：如柏拉圖的蘇格拉底所發展的關於學習的美麗理論，亦即學習是對曾經知道但已遺忘的事情的重新覺醒；以及與此相似地，如種族記憶在現代演化論和動物心理學中所扮演的重要角色。（在這裡，我忍不住要回顧澤蒙的兩本書：《記憶》和《記憶知覺》。）在生物學方面，有人反對澤蒙，認為他將許多其他現象和記憶進行類比是沒有意義的，因為記憶本身是所有生物現象中最不為人所理解的。對我來說，這似乎像是在說，確認**所有的**原子核都是由質子—中子的雙穩態組成是沒有意義的，因為對於這些基本粒子，我們還有很多是不知道的。

但無論如何，一個現在活著並經歷巨大痛苦的人，或者甚至是一隻現在活著的蟾蜍，竟然為此人或蟾蜍沒什麼回憶的已死作惡者的不法行為在贖罪，這樣聽來似乎很奇怪。我們必須消除同一性（身分）學說的這個**褊狹**部分，因為它不只導致上面強調的貴族流風，還衍生在出生週期中可經由學識從輪迴中解脫的思想，但根本沒有那樣的輪迴。當然，那種學說也造就了我們現在已無法挽救的世道常情中假稱的正義。但是，我們仍然有上面德語和拉丁語譯文中呈現的那種美好的統一思想，一種無條件地歸屬於一體的思想，對此，叔本華曾說，這個想法曾是他在生活中的安慰，也將是他在臨終時的慰藉。還有，雖然同樣是神祕和形上學的，這個想法也滿足了被認為是實際存在的外部世界的功能。外部世界的想法無論如何都是引人入勝的，但除此之外，並沒有什麼自在的倫理價值。

五　令人驚奇的兩種情況：偽倫理學

讓我們先暫時做一下總結。我們有**兩個**值得注意的發現，兩者都個別地令人感到驚訝。重要的是，我們應將兩者清楚地區分開來，原因是我們在描述它們時，經常使用非常相似的詞語，因此很容易混淆兩者。如果說本書到目前為止的研究有帶來任何新的東西，那麼主要是在於指出將這兩個發現分開的必要性。

首先，令人驚訝的是，儘管沒有任何頭腦清醒的人會否認，**我的**意識領域與所有其他人的意識領域之間有著必然、嚴密的分離，然而，如上面很簡短的說明所描述，透過經由模仿本能促動的共同語言的形成與發展，必然地，我們的體驗序中有一些我們稱之為「外部」的部分，在結構上具有廣泛的一致性，這一致性能被辨認出來，且可以用一個簡短語句來**概括**它：我們所有人都生活在同一個世界裡。這是一種我們可以在日漸成長的幼兒身上一再觀察到的過程，以致我們對此完全不感到懷疑，甚至可能陷入因習慣而使我們的驚奇感變得麻木的危險。

縱使意識領域完全分離，我們又是如何竟能認知共同性，而且不只是指博學又深刻的思想家，而是說遠低於學齡的幼童就能做出這樣的認知，相對於這個令人驚異的現象，應特別做出清楚區別的是，即使感覺領域分離，它的所謂外在部分**竟然存在**廣泛的一致性或平行性。那是如何發生，或者或許是我們自己按照上一章說的方式造成這個平行性？你夢到了我和其他的一切，而我又如此高明地夢到你和其他的一切，以致我們所夢的互相匹配？但這只是無聊的文字遊戲。

那麼，這裡確實就涉及**兩個**令人驚奇的發現。在我看來，如果對語言溝通的形成做個體發生學的研究，而且盡可能在種系發生學面向上深入研究的話，那麼，第一個發現很容易在科學理性上被理解。當然，如果有人說，若是如此，這裡應該已經預設了第二個事態也會成立，對此我並不反對。對我來說，至關重要的是，第二個事態本身**不是**理性上可理解的。要解釋這種情況，通常有兩個非理性化的、神祕主義的假說。也就是要麼第一個，即所謂的真實外部世界的假說，要麼第二個假說，即承認我們實際上都只是那個「一」的不同面向。如果有人認為這兩種假設實際上導致相同的結論，我不想與他爭論。這其實就是泛神論，那個「一」稱為神—自然。但是正因如此，第一種假說形式（真實的外部世界）的形上學特徵才成立，而我們就遠離了庸俗的唯物論。真正的倫理結論則很容易從第二種立場（同一性學說）推導出來。

必須承認的是，同一性學說**看起來**更帶有神祕和形上學的色彩。因為根據它，那些如此不同程度的經驗共同性其實更不易理解。假設我住在公園街六號。我的一個和我有很多共同興趣的好友住在隔壁，公園街八號。我們每週見面三至四次，一起去郊遊、旅行等等（可惜這些和以下都只是假想的！）那麼，我們倆確實生活在「同一個世界」。這個說法比較不適用於我和另一位住在洛杉磯同樣很要好、也對同樣事物感興趣的好友，但也較不適合描述我和我在公園街六號的優秀門房，他是一名退休的銀行職員，主要對郵票和足球運動彩券感興趣。但是，即使是一隻同我親近的獅子狗，牠經常陪伴我一起去散步，每次都用狂喜的吠叫和跳躍表達牠的期待，牠與我之間有密切、甚至情感上的聯繫，因為我寧願與牠一起散步，而不想獨自一個人走。但最後，也還會有下述的情況：我和休謨；我和席勒（Friedrich Schiller）；我和德謨克利特；我和色諾芬（Xenophanes）。世界真實性的假說，至少很自然地解釋了共同性的非常不同程度中的一些情況，因為它說明了空間和時間的實在性，或者，也可說是時—空的實在性。根據同一性學說，還需要一些真正更深入的研究才能清楚理解這些差別，雖然這種研究似乎從未被妥善從事過。但在我看來，較諸它所能提供的無上道德內涵，以及有鑑於我們的短暫生命，同一性學說所給予我們的深刻宗教安慰，這不過只是一個小小的缺漏。這兩者都不是唯物論所能提供的。儘管有很多人這樣說服自己：天文學的思維模型給我們一種難以言喻的景觀——那裡有無數的恆星，也許還有可居住的行星，更有許多星系，每個星系都有無數這樣的恆星，最終可能是一個有限的宇宙，而當我們在晴朗夜晚仰望群星的天空時，這同樣為我們提供了一種倫理和宗教安慰。然而，對我個人來說，這一切都是摩耶，儘管是合規律且令人感興趣的摩耶。但它們與我的永恆部分（用十分中世紀的說法）沒有太多關係。但這當然只是觀點問題。

還得承認，僅只是世界的共同性存在本身，無論我們用什麼樣的形上學方式理解這共同性，都足以引伸出一種特定的倫理學，我且冒昧地稱之為偽倫理學（Ersatz-ethik）＊。因為經驗顯示，由於世界的共同性，我們必然彼此傷害，首先是身體的，然後是心理的。進而，我們也彼此幫助、歡欣，儘管也許只是因為彼此傾聽。因為，顯然，一旦語言的溝通成為可能，人們將樂意與其他人說話，有時甚至樂意聽到回應。（世上最嚴苛的酷刑是長期單獨監禁，沒有一本至少可以傾聽作者的書籍，或者沒有一台至少為可能聽者說話的打字機。）因為，既然彼此為善能獲得更多的好處，而彼此傷害比起一個強勢第三者或一個強權的威脅會造成更大的傷害；也因為上述這一切，很自然地能做相對交換計算的想像，所以除了少數例外的情況，基於純粹理性的考慮，人們寧可意願彼此間善意的對待，從而使得這現象看似成為普遍占優勢的倫理行為。我們常常可以在許多民俗諺語中看到這種偽倫理學的痕跡。例如，「己所不欲，勿施於人」，或者「誠實是最

＊ 譯注：Ersatz-ethik 本書譯為「偽倫理學」。但使用「偽」字語義似乎稍嫌過於強烈。按德文 Ersatz 是暫時代理或替代的意思。例如一個機構的代理人員，如學校代理校長，確實不是真正的校長，但亦不能說是偽校長。若依德文直譯為替代倫理學，一方面在中文語義上過於模糊，另方面，查薛丁格文意確有強調「不真非實」的意思，因此仍權譯為偽倫理學。

好的策略」，甚至是「帽子拿在手上，就能走遍天下」這種不怎麼好的諺語，因為後者幾乎是叫人偽善諂媚，特別是對有權勢的人。任何人只要在著名的世界經典小說中讀過桑丘．潘沙（Sancho Pansa）*說的那些經常由幾乎連續不斷吐出的民俗諺語組成的話，一定會發現更多這類幾乎可稱為功利道德的偽倫理學警句。當然，要能夠真正完全鑑賞這位真誠侍從騎士那長篇盛意的詼諧，只是掌握語言還遠遠不夠，還必須要能完全熟悉西班牙那個時期（三、四百年前）的俗民語彙。那種俗民語彙顯然是十分豐富的，且至今依然如此。如果進一步深究的話（我們在這裡當然是不可能這麼做），那麼人們正是能夠在這出色的桑丘身上看到一個被塞滿這類功利格言的角色；此外，人格怯懦，即使在面對相當難堪但實際上不算真的可怕的處境時也充滿恐懼，例如床毯的折騰**，但他確實是個了不起的傢伙，忠誠地為他的主人辛苦效力與忍受欺凌，儘管不是沒有悲嘆與眼淚，假如絕對無法避免的話。我們最好還是別太輕蔑偽倫理學的道德。這種道德是源自流行的實存外部世界的假定或存在其他自我或與自己相似的東西等等。有這種倫理總是比沒有好。但對我們來說，比較高貴的仍是上一章德文與拉丁文翻譯的詩句中說的。叔本華這位可憐的悲觀主義者曾將那內容視為他人生中的安慰。叔本華本人是否確曾依據這樣崇高的倫理原則生活，並無關緊要。根據那惡名昭彰的「那老太婆死了，包袱卸了」（obiit anus, abiit onus）日記所述，實情正好相反（據說他曾在盛怒下將一女僕推下樓梯，因此須付終生補償）。就我個人來說，我寧可接觸結交桑丘這樣的人，而不是叔本華這類的。桑丘畢竟還是個守禮的傢伙。但叔本華的書確實寫得好，假如不要突然冒出一句迷信的瘋言瘋語的話。然而，似乎如同我們在古老美麗又簡潔的同一性學說後來在印度的發展所看到的，這種學說的悲慘命運在於她很輕易就會為蠢蛋開門，如果蠢蛋謙卑地敲門的話。當然，奇蹟是信仰最親愛的孩子，而且，信仰越是細膩、微妙、抽象和崇高，那麼孱弱多疑的人性就越是惶恐地緊抱奇蹟不放，即使那奇蹟是多麼地可笑。

---

* 譯注：塞萬提斯（Miguel de Cervantes Saavedra）小說《堂吉訶德》（*Don Quixote*）裡主角的忠實侍從。

** 譯注：見《堂吉訶德》第十七章。堂吉訶德把客店當作堡壘，拒付房錢便一走了之，他的理由是付房錢有違騎士精神。於是店主人向還沒來得及走的桑丘要錢，桑丘同樣以有違騎士精神拒絕付錢，結果客店裡的其他客人對桑丘惡作劇，把他兜在床毯裡，上下拋著玩。這種遊戲的對象通常是狗。

國家圖書館出版品預行編目資料

薛丁格：我的人生,我的世界觀 / 艾爾溫．薛丁格（Erwin Schrödinger）著；黃玉林 譯. -- 初版. -- 臺北市：商周出版, 城邦文化事業股份有限公司出版：英屬蓋曼群島商家庭傳媒股份有限公司城邦分公司發行, 2023.08
面；　公分
譯自：Mein Leben, meine Weltansicht.
ISBN 978-626-318-774-0 (平裝)
1. CST: 薛丁格(Schrödinger, Erwin, 1887-1961)　2. CST: 學術思想　3. CST: 自傳　4. CST: 奧地利
784.418　　112010643

薛丁格：

我的人生，我的世界觀

原著書名 / Mein Leben, meine Weltansicht
作者 / 艾爾溫．薛丁格（Erwin Schrödinger）
譯者 / 黃玉林
責任編輯 / 李尚遠

版權 / 林易萱
行銷業務 / 周丹蘋、賴正祐
總編輯 / 楊如玉
總經理 / 彭之琬
事業群總經理 / 黃淑貞
發行人 / 何飛鵬
法律顧問 / 元禾法律事務所　王子文律師
出版 / 商周出版
城邦文化事業股份有限公司
115台北市南港區昆陽街16號4樓
電話：(02) 2500-7008 傳眞：(02) 2500-7759
E-mail：bwp.service@cite.com.tw
Blog：http://bwp25007008.pixnet.net/blog
發行 / 英屬蓋曼群島商家庭傳媒股份有限公司城邦分公司
115台北市南港區昆陽街16號8樓
書虫客服服務專線：(02) 2500-7718．(02) 2500-7719
24小時傳眞服務：(02) 2500-1990．(02) 2500-1991
服務時間：週一至週五09:30-12:00．13:30-17:00
郵撥帳號：19863813　戶名：書虫股份有限公司
讀者服務信箱E-mail：service@readingclub.com.tw
歡迎光臨城邦讀書花園　網址：www.cite.com.tw
香港發行所 / 城邦（香港）出版集團有限公司
香港九龍土瓜灣土瓜灣道86號順聯工業大廈6樓A室
電話：(852) 2508-6231　傳眞：(852) 2578-9337
E-mail：hkcite@biznetvigator.com
馬新發行所 / 城邦(馬新)出版集團 Cité (M) Sdn. Bhd.
41, Jalan Radin Anum, Bandar Baru Sri Petaling,
57000 Kuala Lumpur, Malaysia
電話：(603) 9056-3833　傳眞：(603) 9057-6622
Email：services@cite.my

封面設計 / 李東記
排版 / 新鑫電腦排版工作室
印刷 / 韋懋實業有限公司
經銷商 / 聯合發行股份有限公司
電話：(02) 2917-8022　傳眞：(02) 2911-0053
地址：新北市231新店區寶橋路235巷6弄6號2樓

■2023年8月初版
■2024年9月初版2.3刷
定價 380 元

Printed in Taiwan

城邦讀書花園
www.cite.com.tw

ISBN 978-626-318-774-0

商周出版

廣　告　回　函
北區郵政管理登記證
台北廣字第000791號
郵資已付，免貼郵票

115台北市南港區昆陽街16號8樓

英屬蓋曼群島商家庭傳媒股份有限公司　城邦分公司

請沿虛線對摺，謝謝！

商周出版

書號：BU0189	**書名**：薛丁格：我的人生，我的世界觀	**編碼**：

請於此處用膠水黏貼

商周出版

讀者回函卡

感謝您購買我們出版的書籍！請費心填寫此回函卡，我們將不定期寄上城邦集團最新的出版訊息。

線上版讀者回函卡

姓名：＿＿＿＿＿＿＿＿＿＿＿＿＿＿＿＿ 性別：□男 □女

生日：西元＿＿＿＿＿＿年＿＿＿＿＿＿月＿＿＿＿＿＿日

地址：＿＿＿＿＿＿＿＿＿＿＿＿＿＿＿＿＿＿＿＿＿＿＿＿

聯絡電話：＿＿＿＿＿＿＿＿＿＿ 傳真：＿＿＿＿＿＿＿＿＿

E-mail ：

學歷：□ 1. 小學 □ 2. 國中 □ 3. 高中 □ 4. 大學 □ 5. 研究所以上

職業：□ 1. 學生 □ 2. 軍公教 □ 3. 服務 □ 4. 金融 □ 5. 製造 □ 6. 資訊
□ 7. 傳播 □ 8. 自由業 □ 9. 農漁牧 □ 10. 家管 □ 11. 退休
□ 12. 其他＿＿＿＿＿＿＿＿＿＿＿＿＿＿＿＿

您從何種方式得知本書消息？

□ 1. 書店 □ 2. 網路 □ 3. 報紙 □ 4. 雜誌 □ 5. 廣播 □ 6. 電視
□ 7. 親友推薦 □ 8. 其他＿＿＿＿＿＿＿＿＿＿＿＿

您通常以何種方式購書？

□ 1. 書店 □ 2. 網路 □ 3. 傳真訂購 □ 4. 郵局劃撥 □ 5. 其他＿＿＿＿

您喜歡閱讀那些類別的書籍？

□ 1. 財經商業 □ 2. 自然科學 □ 3. 歷史 □ 4. 法律 □ 5. 文學
□ 6. 休閒旅遊 □ 7. 小說 □ 8. 人物傳記 □ 9. 生活、勵志 □ 10. 其他

對我們的建議：＿＿＿＿＿＿＿＿＿＿＿＿＿＿＿＿＿＿＿＿＿＿＿＿

＿＿＿＿＿＿＿＿＿＿＿＿＿＿＿＿＿＿＿＿＿＿＿＿

＿＿＿＿＿＿＿＿＿＿＿＿＿＿＿＿＿＿＿＿＿＿＿＿

請於此處用膠水黏貼